영어 리딩 학습의 최종 목표는 논픽션 독해력 향상에 있습니다.

학년이 올라갈수록 영어 시험 출제의 비중이 높아지는 논픽션. 우리는 논픽션 리딩을 통해 다양한 분야의 어휘와 지식을 습득하고 문제 해결 능력을 키울 수 있습니다. 또한 생활 속 실용문과 시험 상황의 복잡한 지문을 이해하고 분석하며, 나에게 필요한 정보를 추출하는 연습을 할 수 있습니다. 논픽션 독해력은 비판적 사고와 논리적 사고를 발전시키고, 영어로 표현된 아이디어를 깊이 있게 이해하고 효과적으로 소통하는 언어 능력을 갖출 수 있도록 도와줍니다.

미국교과서는 논픽션 리딩에 가장 적합한 학습 도구입니다.

미국교과서는 과학, 사회과학, 역사, 예술, 문학 등 다양한 주제의 폭넓은 지식과 이해를 제공하며, 사실을 그대로 받아들이는 능력뿐만 아니라 텍스트 너머의 맥락에 대한 비판적 사고와 분석 능력도 함께 배울 수 있도록 구성되어 있습니다. 미국 교과과정 주제의 리딩을 통해 학생들은 현실적인 주제를 탐구하고, 아카데믹한 어휘를 학습하면서 논리적 탐구의 방법을 함께 배울 수 있습니다. 미국교과서는 논픽션 독해력 향상을 위한 최고의 텍스트입니다.

탁월한 논픽션 독해력을 원한다면
미국교과서 READING 시리즈

(1) 미국교과서의 핵심 주제들을 엄선하여 담은 지문을 읽으며 **독해력**이 향상되고 **배경지식**이 쌓입니다.

(2) 가지고 있는 지식과 새로운 정보를 연결해 내 것으로 만드는 **통합사고력**을 기를 수 있습니다.

(3) 꼼꼼히 읽고 완전히 소화할 수 있도록 하는 수준별 독해 훈련으로 **문제 해결력**이 향상됩니다.

(4) 기초 문장 독해에서 추론까지, 학습자의 **수준별로 선택하여 학습**할 수 있도록 난이도를 설계하였습니다.

(5) 스스로 계획하고 점검하며 실력을 쌓아가는 **자기주도력**이 형성됩니다.

Author Soktae Oh

For over 20 years, he has been developing English educational reference books for people of all ages, from children to adults. Additionally, he has been establishing a strong reputation in the field of teaching English, delivering engaging and enlightening lectures that delve deep into the essence of the language. Presently, he is actively working as a professional author, specializing in English content development.

미국교과서 READING **LEVEL 4 ❶**
American Textbook Reading *Second Edition*

Second Published on December 12, 2023
Second Printed on May 20, 2024

Written by Soktae Oh
Editorial Manager Namhui Kim
Development Editor LIME
Proofreading Ryan P. Lagace, Benjamin Schultz
Design Sanghee Park, Hyeonsook Lee
Typesetting Yeon Design
Illustrations Sunghwan Bae, Jiwon Yang
Recording Studio YR Media
Photo Credit Photos.com, Shutterstcok.com

Published and distributed by Gilbutschool

56, Worldcup-ro 10-gil, Mapo-gu, Seoul, Korea, 121-842
Tel 02-332-0931
Fax 02-322-0586
Homepage www.gilbutschool.co.kr
Publisher Jongwon Lee

ISBN   979-11-6406-583-7 (64740)
        979-11-6406-582-0 (set)
(Gilbutschool code : 30565)

READING

미국교과서 리딩

LEVEL 4 ①

길벗스쿨

미국 교과과정 핵심 주제별 배경지식과 어휘를 학습합니다.

과학, 사회, 역사, 수학, 문학, 예술 등 미국 초등 교과과정의 필수 학습 주제를 선별하여 구성한 지문을 읽으며 논픽션 리딩 실력의 기틀을 마련하며 교과 및 배경지식을 습득할 수 있습니다.

꼼꼼하고 정확하게 읽는 정독과 다양한 문제 풀이로 독해의 정확성을 높입니다.

영어 시험 상황에서는 논픽션 리딩의 비율이 절대적으로 높으며, 학습자의 사고력에도 논리적인 텍스트 읽기 과정이 매우 중요합니다. 문장 구조와 어휘, 구문, 문법 요소 등을 꼼꼼히 분석하며 읽는 정독 훈련으로 독해의 속도를 높이고 문제 풀이의 정확성을 향상시킵니다.

정확한 내용 이해에 도움을 주는 문법 요소를 학습합니다.

지문 속 주요 문법 요소 학습을 통해 문장의 구조를 파악하고 문맥을 이해하는 능력이 향상됩니다. 바른 해석과 정확한 문제 풀이로 독해에 더욱 자신감이 생깁니다.

Level Up 추론유형으로 상위권 독해 문제에 도전하며 문제 해결력을 높입니다.

내용 이해를 위한 다양한 독해 문제는 물론, 영어 시험 상황에서 오답률이 높은 추론유형을 통해 텍스트 너머의 맥락까지 이해할 수 있도록 합니다. 세부 내용에서 정답을 찾는 것이 아니라 글 속의 여러 정보를 활용하여 서술되지 않은 내용을 유추하는 경험을 통해 문제 해결력이 더욱 향상됩니다.

Summary 활동으로 핵심 어휘를 복습하고, 내용 통합 훈련을 하며 통합적 사고력을 기릅니다.

지문 요약 활동으로 글의 구성을 파악하고 단어를 활용하는 능력이 향상될 수 있습니다. 또한 핵심 내용을 정리하는 과정에서 초등 고학년 시기에 더욱 발달하는 통합적 사고력 훈련까지 할 수 있습니다.

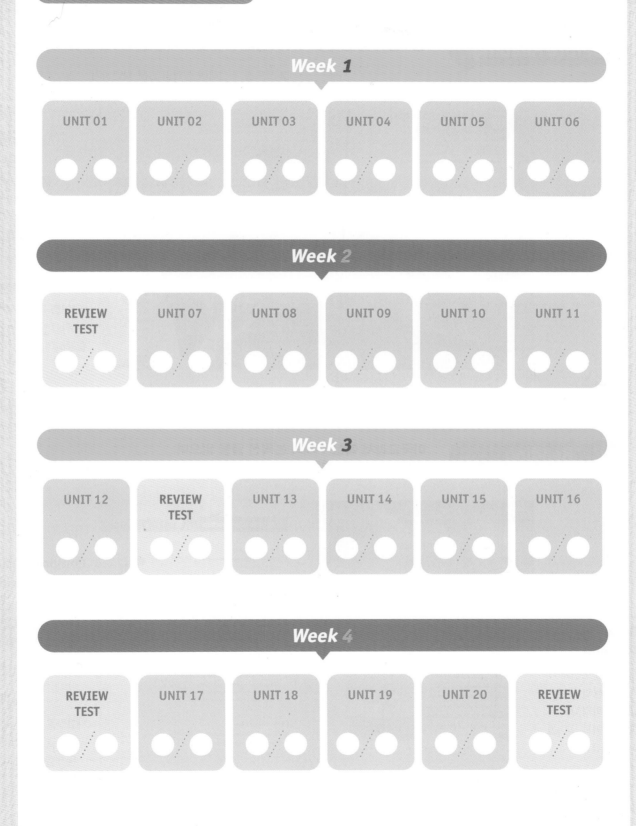

자기주도 학습 계획표

Week 1

| UNIT 01 | UNIT 02 | UNIT 03 | UNIT 04 | UNIT 05 | UNIT 06 |

Week 2

| REVIEW TEST | UNIT 07 | UNIT 08 | UNIT 09 | UNIT 10 | UNIT 11 |

Week 3

| UNIT 12 | REVIEW TEST | UNIT 13 | UNIT 14 | UNIT 15 | UNIT 16 |

Week 4

| REVIEW TEST | UNIT 17 | UNIT 18 | UNIT 19 | UNIT 20 | REVIEW TEST |

이 책의 구성과 학습법

Before Reading

논픽션 주제 관련 단어와 그림을 통해 글의 내용을 예측합니다.

QR코드를 스캔하여 정확한 발음 확인하기

① Check Your Knowledge

문장을 듣고, 이미 알고 있는 내용인지 확인하며 배경지식을 활성화합니다.

③ Reading Focus

글에서 반드시 파악해야 하는 중심 내용을 미리 확인합니다.

② Vocabulary

단어를 듣고, 본책 맨 뒤의 단어리스트를 활용하여 의미를 확인합니다.

Reading

미국교과서 핵심 주제의 논픽션 글을 읽으며 교과 지식과 독해력을 쌓습니다.

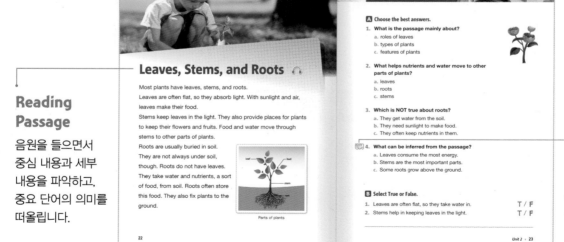

Reading Passage

음원을 들으면서 중심 내용과 세부 내용을 파악하고, 중요 단어의 의미를 떠올립니다.

Comprehension Checkup

글을 올바르게 이해했는지 다양한 문제로 확인합니다.

Level Up

사고력을 요하는 추론 유형으로 상위권 독해 문제를 경험합니다.

After Reading

단어와 문법 요소를 점검하고,
전체 내용을 요약하며 정리합니다.

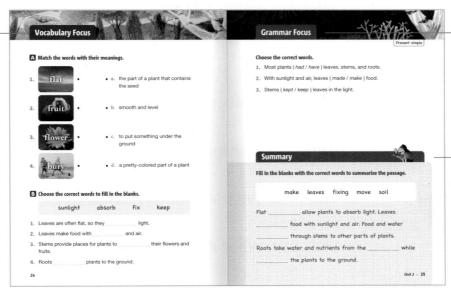

Vocabulary Focus

Ⓐ 영영 풀이로
단어의 의미를 복습
합니다.

Ⓑ 문장 단위에서
단어의 의미와
활용을 확인합니다.

Grammar Focus

문법 요소를 익혀
문장을 바르게
해석할 수 있도록
합니다.

Summary

알맞은 단어를 채워
요약문을 완성하며
글의 내용을 통합하여
정리합니다.

Chapter Review

과목별 주요 단어와 문장,
문법을 복습합니다.

Workbook

배운 단어의 의미를
확인하고, 문장으로
복습합니다.

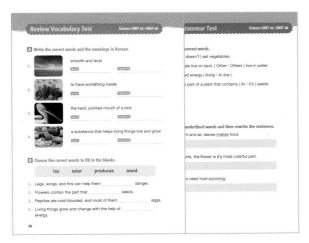

〈권말 부록〉 단어리스트

무료 온라인 학습 자료 길벗스쿨 e클래스(**eclass.gilbut.co.kr**)에 접속하시면 〈미국교과서 READING〉
시리즈에 대한 상세 정보 및 부가학습 자료를 무료로 이용하실 수 있습니다.

① 음원 스트리밍 및 MP3 파일 ② 추가 워크시트 4종 (단어 테스트, 해석 테스트, 문장 쓰기, 지문 완성하기)

③ 복습용 온라인 퀴즈 (단어 퀴즈, 내용 확인 퀴즈)

미국교과서 READING 4.1 목차

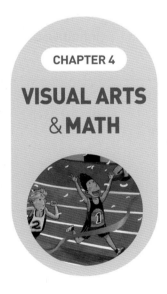

SUBJECT	UNIT	TOPIC	VOCABULARY	GRAMMAR
SCIENCE	01	Living Things	solar, exist, undergo, metabolism, nutrient, survive, mineral	do/does not + infinitive
	02	Plants	leaf, stem, flat, absorb, provide, flower, fruit, bury, fix	Present simple
	03		colorful, contain, produce, seed, carry, ground, natural	Possessive adjectives
	04	Animals	mammal, give birth to, young, hop, feather, beak, creep, extinct, scale, fin, gill	S + V + O
	05	Basic Needs	shelter, various, protect, necessary, sense, danger, avoid, breathe, lung	some/others
	06	Animal Diets and Eating Habits	herbivore, deer, adapt, grind, carnivore, shark, sharp, rip, tear, omnivore	Infinitive of purpose
SOCIAL STUDIES	07	Changes in Family Life	washboard, dirt, washing machine, less, get in touch with, far away, communicate	have/has+p.p.
	08	Changes in Communities	community, transportation, carriage, pull, pond, lake, indoor rink, heated, pool	Adverb *ago*
	09	Jobs	job, earn, office, store, travel, outdoors, police officer, firefighter, take care of	to-infinitives as noun
	10	Economics	producer, goods, sell, grow, farmer, market, buy, consumer	Passive voice (be+p.p.)
	11	Ancient Egypt	learn, hunt, grassland, feed, cave, plant, gather, village, country, crop	have to

SUBJECT	UNIT	TOPIC	VOCABULARY	GRAMMAR
SOCIAL STUDIES	12	The Nile	central, desert, flood, bank, ancient, depend, overflow, moist, soil	Gerund(-ing) as subject
LANGUAGE ARTS	13	Sayings	practice, perfect, proud, mistake, will, way, try, jump rope, in a row, mess up	Gerund(-ing) as objective
LANGUAGE ARTS	14	Sayings	leap, careful, rush, trade, cost, worm, get ahead, free, find out	Modal verb *should*
MUSIC	15	Musical Instruments	percussion, mallet, include, crash, string, strum, pluck, bow, blow, brass	Conjunctions *and, or*
MUSIC	16	Musical Instruments	keyboard, note, electronic, nowadays, electricity, popular, pick	Modal verb *can*
VISUAL ARTS	17	Lines	straight, direction, vertical, horizontal, diagonal, zigzag, active, bend, circle, spiral	keep+-ing
VISUAL ARTS	18	Drawing	drawing, swan, neck, curve, graceful, painting, shell, stand out	Do/Does ~?
MATH	19	Ordinal Numbers	line, special, ordinal, order, except for, face	Imperative form
MATH	20	Fractions	fraction, part, divide, equal, half, quarter, square, below	Preposition *of*

" Once you learn to read, you will be forever free. "

- Frederick Douglass

AMERICAN
TEXTBOOK
READING

Science

Living Things

🎧 Listen and check ☑ what you already know.

① All living things grow and change. ☐

Reading Focus

- What do living things need to survive?
- How do plants make their own food?

② The sun helps living things to exist. ☐

Vocabulary

- ★ solar
- ★ exist
- ★ undergo
- ★ metabolism
- ★ nutrient
- ★ survive
- ★ mineral

Living Things 🎧

Plants and animals are living things. They grow and change with the help of solar energy. Without energy from the sun, no life would exist. Living things need food, water, and air to survive; they undergo metabolism.

Plants need air, water, nutrients, sunlight, and space to grow. Plants grow where they can get what they need to survive, and they make new plants like themselves. Plants use sunlight, carbon dioxide, minerals, and water to make their own food.

On the other hand, animals usually eat other living things (animals and plants) to get energy to live. They cannot make their own food by themselves.

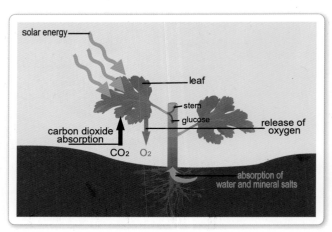

Photosynthesis of plants

Comprehension Checkup

A Choose the best answers.

1. **What is the passage mainly about?**

   a. why living things need water

   b. where living things can grow

   c. how living things get energy

2. **Without energy from the sun, what would happen?**

   a. Living things would not be able to survive.

   b. Living things would undergo metabolism.

   c. Living things would make their own food.

3. **What do plants need to make food?**

   a. other plants

   b. oxygen and heat

   c. sunlight and water

4. **What do animals usually do to get energy to live?**

   a. They use sunlight, minerals, and water.

   b. They usually eat other living things.

   c. They make their own food by themselves.

B Select True or False.

1. The sun helps living things grow and change.   T / F

2. Animals use sunlight, minerals, and water to make food.   T / F

Vocabulary Focus

A Match the words with their meanings.

1. 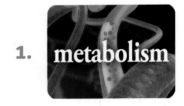 metabolism •

      • a. a natural substance such as iron or salt

2. nutrient •

      • b. the process in your body that changes food into energy

3.  survive •

      • c. a substance that helps living things live and grow

4.  mineral •

      • d. to continue to live

B Choose the correct words to fill in the blanks.

| nutrients | exist | solar | metabolism |

1. Living things grow and change with the help of .... energy.

2. Without energy from the sun, no life would ....

3. Living things undergo ....

4. Plants need air, water, ..., sunlight, and space to grow.

18

Grammar Focus

do/does not + infinitive

Change the sentences like the example.

e.g. I <u>like</u> playing soccer. ➜ I <u>do not like</u> playing soccer.

1. Animals make their own food by themselves.

   ➜

2. She eats vegetables.

   ➜

Summary

Fill in the blanks with the correct words to summarize the passage.

> survive   themselves   solar   other   own

.... energy helps living things grow and change.

They also need food, water, and air to ....

They all undergo metabolism. Plants make their ....

food. Unlike plants, animals eat .... living things

because they cannot make their food by ....

Leaves, Stems, and Roots

🎧 Listen and check ☑ what you already know.

① Most plants have leaves, stems, and roots. ☐

Reading Focus

- What do leaves need to make food?
- What fixes the plants to the ground?

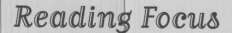

② Leaves are often flat to absorb light. □

Vocabulary

- ★ leaf
- ★ stem
- ★ flat
- ★ absorb
- ★ provide
- ★ flower
- ★ fruit
- ★ bury
- ★ fix

Leaves, Stems, and Roots 🎧

Most plants have leaves, stems, and roots.

Leaves are often flat, so they absorb light. With sunlight and air, leaves make their food.

Stems keep leaves in the light. They also provide places for plants to keep their flowers and fruits. Food and water move through stems to other parts of plants.

Roots are usually buried in soil. They are not always under soil, though. Roots do not have leaves. They take water and nutrients, a sort of food, from soil. Roots often store this food. They also fix plants to the ground.

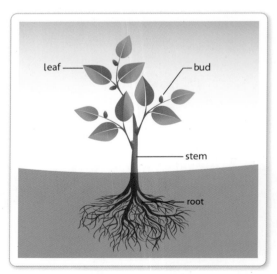

Parts of plants

Comprehension Checkup

A Choose the best answers.

1. What is the passage mainly about?

a. roles of leaves

b. types of plants

c. features of plants

2. What helps nutrients and water move to other parts of plants?

a. leaves

b. roots

c. stems

3. Which is NOT true about roots?

a. They get water from the soil.

b. They need sunlight to make food.

c. They often keep nutrients in them.

LEVEL UP! 4. What can be inferred from the passage?

a. Leaves consume the most energy.

b. Stems are the most important parts.

c. Some roots grow above the ground.

B Select True or False.

1. Leaves are often flat, so they take water in. T / F

2. Stems help in keeping leaves in the light. T / F

Vocabulary Focus

A Match the words with their meanings.

1.   •

    • **a.** the part of a plant that contains the seed

2.    •

    • **b.** smooth and level

3.    •

    • **c.** to put something under the ground

4. bury   •

    • **d.** a pretty-colored part of a plant

B Choose the correct words to fill in the blanks.

sunlight	absorb	fix	keep

1. Leaves are often flat, so they _____ light.

2. Leaves make food with _____ and air.

3. Stems provide places for plants to _____ their flowers and fruits.

4. Roots _____ plants to the ground.

24

Grammar Focus

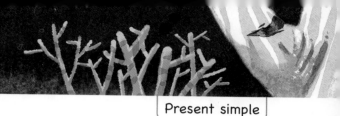

Choose the correct words.

1. Most plants (*had / have*) leaves, stems, and roots.

2. With sunlight and air, leaves (*made / make*) food.

3. Stems (*kept / keep*) leaves in the light.

Summary

Fill in the blanks with the correct words to summarize the passage.

> make   leaves   fixing   move   soil

Flat .... allow plants to absorb light. Leaves

.... food with sunlight and air. Food and water

.... through stems to other parts of plants.

Roots take water and nutrients from the .... while

.... the plants to the ground.

Flowers, Seeds, and Fruits

🎧 Listen and check ☑ what you already know.

① Inside fruits, there are seeds. ☐

Reading Focus

- What does a seed need when it is ready to develop?
- What do most fruits we eat contain?

② Seeds need water, air, and the sun to grow into new plants. □

Vocabulary

★ colorful
★ contain
★ produce
★ seed
★ carry
★ ground
★ natural

Flowers, Seeds, and Fruits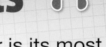

A flower is a part of a plant. In many plants, the flower is its most colorful part. Flowers contain the part that produces seeds.

A seed is the part of a plant which can grow into a new plant. When the seed is ready to develop, it needs water, air, and warmth. Seeds carry the food that helps the new plant begin to grow. They are often inside fruits.

A fruit is the part of a plant that contains its seeds. When the fruit breaks apart, the seeds can go into the ground and begin to grow. Most fruits we eat contain a lot of water and natural sugars.

The different parts of a plant

seeds   flowers   fruits

Comprehension Checkup

A Choose the best answers.

1. **What is the passage mainly about?**

   a. some parts of plants

   b. special seeds in fruits

   c. benefits of growing plants

2. **Which is true about flowers?**

   a. They are usually colorful.

   b. They make food using sunlight.

   c. They contain water and sugars.

3. **What grows into a new plant?**

   a. a flower

   b. a seed

   c. a fruit

LEVEL UP! 4. **What can be inferred from the passage?**

   a. Seeds grow into fruits.

   b. Flowers collect water.

   c. Most fruits taste sweet.

B Select True or False.

1. A seed needs water, air, and warmth to develop.   T / F

2. Seeds can go into the ground at any time.   T / F

Vocabulary Focus

A Match the words with their meanings.

1.  seed

   a. the surface of the earth

2.  ground

   b. having bright colors

3.  contain

   c. a small object from which a plant grows

4.  colorful

   d. to have something inside

B Choose the correct words to fill in the blanks.

grow	carry	produces	natural

1. Flowers contain the part that .... seeds.

2. A seed is the part of a plant which can .... into a new plant.

3. Seeds .... the food that helps new plants begin to grow.

4. Most fruits contain a lot of water and .... sugars.

Possessive adjectives

Choose the correct words.

1. In many plants, the flower is (*it's* / *its*) most colorful part.

2. A fruit is the part of a plant that contains (*their* / *its*) seeds.

3. Stems provide places for the plant to keep (*it* / *its*) flowers and fruits.

Summary

Fill in the blanks with the correct words to summarize the story.

contains   breaks   part   ground   plant

A flower has the .... that produces seeds.

A seed grows into a new plant. It carries the food that

helps a new .... grow. A fruit .... its seeds.

When the fruit .... apart, the seeds go into the

....................., and then they begin to grow.

All Kinds of Animals

🎧 Listen and check ☑ what you already know.

① Mammals give birth to live young. ☐

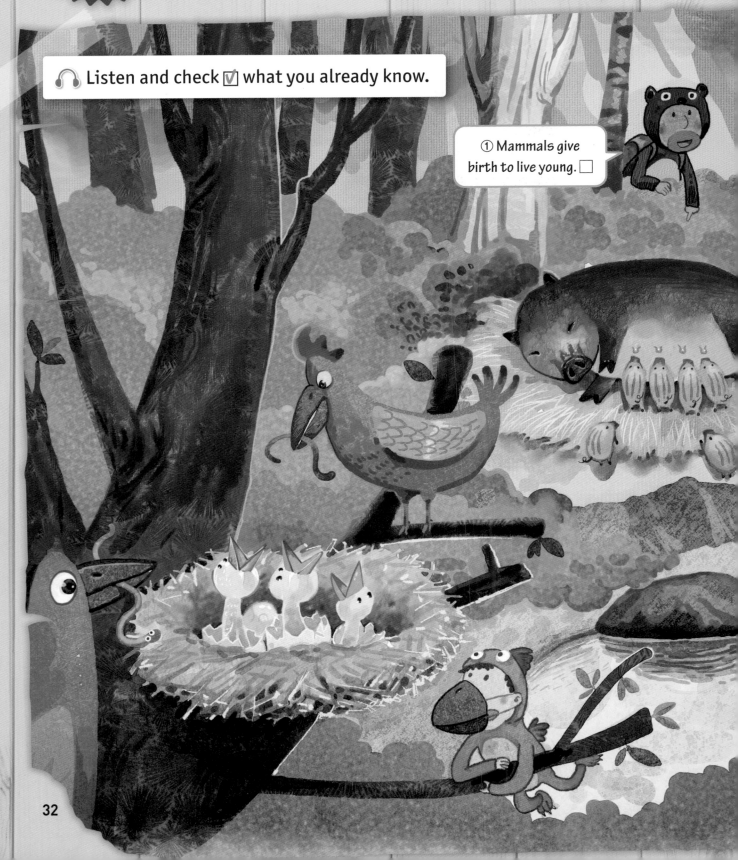

Reading Focus

- **What do birds have?**
- **What do fish have for breathing?**

② Amphibians, such as frogs, live in water and on land. ☐

Vocabulary

- ★ **mammal**
- ★ **give birth to**
- ★ **young**
- ★ **hop**
- ★ **feather**
- ★ **beak**
- ★ **creep**
- ★ **extinct**
- ★ **scale**
- ★ **fin**
- ★ **gill**

All Kinds of Animals 🎧

Mammals give birth to live young. They feed their young milk.
Mammals can hop, walk, swim, or fly.

Birds lay eggs. Their bodies are covered with feathers, and they
have wings to fly. Birds also have beaks with which they eat food.

Reptiles creep. They are cold-blooded, and most of them lay
eggs. Many important groups of reptiles are now extinct.

Amphibians are four-legged animals. They live in water and on
land and lay eggs in water.

Fish live underwater. They have
scales, fins for swimming, and
gills for breathing.

Insects were the first animals
capable of flight. They develop
from eggs.

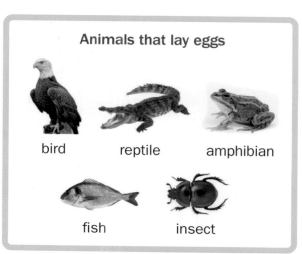

Animals that lay eggs

bird   reptile   amphibian

fish   insect

Comprehension Checkup

A **Choose the best answers.**

1. **What is the passage mainly about?**

    a. features of land animals

    b. different types of animals

    c. self-protection of animals

2. **What were the first animals that could fly?**

    a. birds

    b. amphibians

    c. insects

3. **What is a bird covered with?**

    a. fur

    b. feathers

    c. scales

LEVEL UP! 4. **What can be inferred from the passage?**

    a. Some mammals live underwater.

    b. Mammals are bigger than any others.

    c. Fish are the only animals that live in water.

B **Select True or False.**

1. Birds give birth to live young.   T / F

2. When fish swim, they use their fins.   T / F

Vocabulary Focus

A Match the words with their meanings.

1.  give birth to •

   • a. to move by making short, quick jumps

2.  hop •

   • b. to produce a baby

3.  beak •

   • c. one of the small, flat pieces of the skin of a fish

4. scale •

   • d. the hard, pointed mouth of a bird

B Choose the correct words to fill in the blanks.

extinct	feed	lay	beaks

1. Mammals _____ their young milk.

2. Birds have _____ with which they eat food.

3. Reptiles are cold-blooded, and most of them _____ eggs.

4. Many important groups of reptiles are now _____.

Grammar Focus

S + V + O

Put the words in parentheses in the correct order and then rewrite the sentences.

1. (wings, have, birds) to fly.

   →

2. (amphibians, eggs, lay) in water.

   →

Summary

Fill in the blanks with the correct words to summarize the passage.

> lay   birth   creep   fly   young

Mammals give _____ to live _____. Mammals can hop, walk, swim, or fly. Birds have wings to fly. Birds, amphibians, insects, most reptiles, and fish _____ eggs. Reptiles _____. Amphibians are four-legged animals. Fish have scales, fins, and gills. Insects were the first animals to _____.

What Animals Need to Live

🎧 Listen and check ☑ what you already know.

① Animals use their eyes and noses to find food. ☐

Reading Focus

- What body parts do animals use to sense danger?
- What kind of animals have lungs?

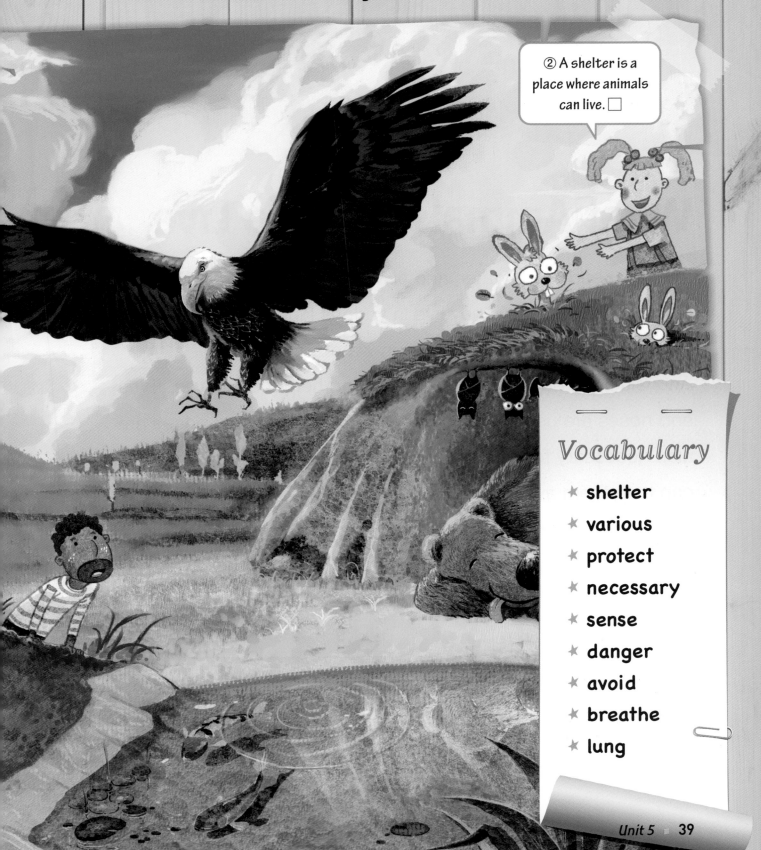

Vocabulary

- ★ shelter
- ★ various
- ★ protect
- ★ necessary
- ★ sense
- ★ danger
- ★ avoid
- ★ breathe
- ★ lung

What Animals Need to Live

Animals need food, water, and air. They also need a safe place to live, called shelter. They live in various kinds of places. Some animals live on land. Others live in water.

Animals have body parts to protect and help themselves. Eyes and noses are used for finding food. Eyes, ears, and noses are also necessary for them to sense danger. Legs, wings, and fins can help them avoid danger. Animals also have body parts that help them get air. Fish use gills to breathe underwater while land animals use lungs to breathe air.

Different shelters of animals

cave   nest   forest   water

Comprehension Checkup

A Choose the best answers.

1. **What is the passage mainly about?**
   a. what helps animals survive
   b. how animals sense danger
   c. where most animals live

2. **What do animals need ears for?**
   a. for sensing time
   b. for sensing danger
   c. for finding a place

3. **What helps fish to avoid danger?**
   a. gills
   b. lungs
   c. fins

LEVEL UP! 4. **What can be inferred from the passage?**
   a. Animals use their senses for surviving.
   b. It is safer to live in water than on land.
   c. More animals live on land than in water.

B Select True or False.

1. Fish use lungs to breathe in water. T / F
2. Animals live in many different places. T / F

Vocabulary Focus

A Match the words with their meanings.

1.  sense • • a. organs in your body that you breathe with

2.  avoid • • b. to keep someone or something safe

3. lungs • • c. to feel or know that something exists

4. protect • • d. to prevent something bad from happening

B Choose the correct words to fill in the blanks.

shelter	various	protect	avoid

1. Animals need a safe place to live, called ....

2. Legs, wings, and fins can help them .... danger.

3. Animals have body parts to .... and help themselves.

4. They live in .... kinds of places.

Grammar Focus

some/others

Choose the correct words.

1. Some animals live on land. (*Other* / *Others*) live in water.

2. I have a lot of caps. (*Some* / *Others*) are blue, and others are black.

3. There are many books in this room. Some are novels, and (*some* / *others*) are comic books.

Summary

Fill in the blanks with the correct words to summarize the passage.

| avoid | lungs | protect | breathing | sense |

Animals live on land or in water. They have body parts to

_____ and help themselves. Their body parts are

used to find food, _____ danger, and _____

danger. Fish use gills for _____ and other animals

use _____.

What Animals Eat

🎧 Listen and check ☑ what you already know.

① Some animals only eat plants. ☐

Reading Focus

- What are carnivores?
- Who are vegetarians?

② There are some animals that mostly eat meat. ☐

Vocabulary

- ★ herbivore
- ★ deer
- ★ adapt
- ★ grind
- ★ carnivore
- ★ shark
- ★ sharp
- ★ rip
- ★ tear
- ★ omnivore

What Animals Eat 🎧

Animals need energy to live. They eat food to get energy. Some animals only eat plants. They are herbivores. Herbivores such as horses, rabbits, deer, and elephants have teeth that have adapted to grind vegetable tissues.

Some animals mostly eat meat. They are carnivores. Carnivores such as tigers, lions, and sharks have sharp teeth to rip and tear meat. Some animals such as pigs, bears, and domestic dogs and cats eat both plants and meat to supply themselves with nutrition. They are omnivores.

Humans are omnivores because they eat meat as well as plant matter. People who mostly eat plants are usually called vegetarians.

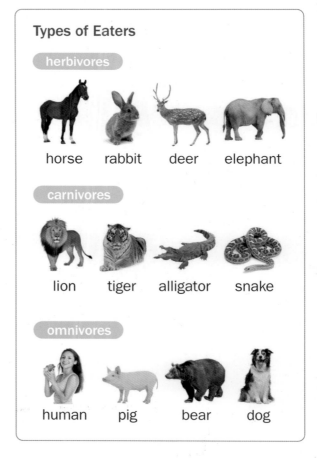

Types of Eaters

herbivores

horse   rabbit   deer   elephant

carnivores

lion   tiger   alligator   snake

omnivores

human   pig   bear   dog

Comprehension Checkup

A Choose the best answers.

1. What is the passage mainly about?

   a. three ways to get food from nature

   b. animal groups that eat other animals

   c. animal types based on what they eat

2. What are herbivores?

   a. animals that mostly eat meat

   b. animals that only eat plants

   c. animals that eat meat and plants

3. What do carnivores mostly eat?

   a. meat

   b. plants

   c. insects

LEVEL UP! 4. What can be inferred from the passage?

   a. Herbivores don't hunt other animals.

   b. Herbivores are smaller than carnivores.

   c. Omnivores don't like plant matter.

B Select True or False.

1. Animals that eat both plants and meat are omnivores.   T / F

2. Humans are carnivores that mostly eat meat.   T / F

Vocabulary Focus

A Match the words with their meanings.

1.  deer
   - a. a large fish with several rows of sharp teeth

2.  shark
   - b. an animal that runs fast, eats grass, and has horns

3.  sharp
   - c. to separate something by force

4.  tear
   - d. having a very thin edge or point

B Choose the correct words to fill in the blanks.

energy   omnivores   herbivores   carnivores

1. Animals eat food to get ....

2. Horses, rabbits, and elephants are ....

3. Tigers, lions, and sharks are ....

4. Pigs, bears, and domestic dogs are ....

48

Grammar Focus

Choose the correct words.

1. Animals need energy (*live* / *to live*).

2. They eat food (*got* / *to get*) energy.

3. Fish use gills to (*breathe* / *breathing*) underwater.

Summary

Fill in the blanks with the correct words to summarize the passage.

| meat | plants | omnivores | sharp | grind |

Animals eat food to get energy. Herbivores only eat

.... Their teeth are adapted to ....

vegetable tissues. Carnivores mostly eat .... They

have .... teeth to rip and tear meat. Omnivores eat

both plants and meat. Humans are .... However, if

you mostly eat plants, you are a vegetarian.

Review Vocabulary Test

A Write the correct words and the meanings in Korean.

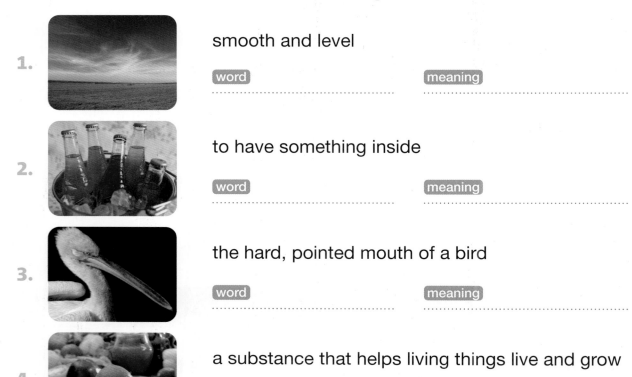

1. smooth and level

   word .... meaning ....

2. to have something inside

   word .... meaning ....

3. the hard, pointed mouth of a bird

   word .... meaning ....

4. a substance that helps living things live and grow

   word .... meaning ....

B Choose the correct words to fill in the blanks.

| lay | solar | produces | avoid |

1. Legs, wings, and fins can help them .... danger.

2. Flowers contain the part that .... seeds.

3. Reptiles are cold-blooded, and most of them .... eggs.

4. Living things grow and change with the help of .... energy.

50

C Complete the puzzle.

1. organs in your body that you breathe with

   ☐☐☐■☐

2. a large fish with several rows of sharp teeth

   ☐☐☐■☐

3. a pretty-colored part of a plant

   ☐☐■☐☐☐

4. to continue to live

   ☐■☐☐☐☐☐

5. to feel or know that something exists

   ☐☐■☐☐

6. an animal that runs fast, eats grass, and has horns

   ■☐☐☐

What is the one word in the colored boxes?

A Choose the correct words.

1. She (*isn't* / *doesn't*) eat vegetables.

2. Some animals live on land. (*Other* / *Others*) live in water.

3. Animals need energy (*living* / *to live*).

4. A fruit is the part of a plant that contains (*its* / *it's*) seeds.

B Correct the underlined words and then rewrite the sentences.

1. With sunlight and air, leaves <u>makes</u> food.

   →

2. In many plants, the flower is <u>it's</u> most colorful part.

   →

3. Living things need food <u>surviving</u>.

   →

AMERICAN
TEXTBOOK
READING

Social Studies

Families and Changes

🎧 Listen and check ☑ what you already know.

① People used to wash their clothes by hand. ☐

Reading Focus

- Today, what do families use to wash their clothes?
- Today, what do families use to communicate?

② In the past, people wrote letters to talk with someone far away. ☐

Vocabulary

- ★ washboard
- ★ dirt
- ★ washing machine
- ★ less
- ★ get in touch with
- ★ far away
- ★ communicate

Families and Changes

A long time ago, families washed their clothes by hand. They used washboards to get the dirt out. This took a long time. Times have changed. Families still must wash their clothes, but most families today use washing machines. Families can wash more clothes in less time.

A long time ago, families did not have telephones to get in touch with their family members who lived far away. They wrote letters. Today, we can talk on the telephone or send emails from computers, smartphones, and tablet PCs to our family members who live far away. Facebook, Twitter, and other social networking services(SNS) also help us communicate.

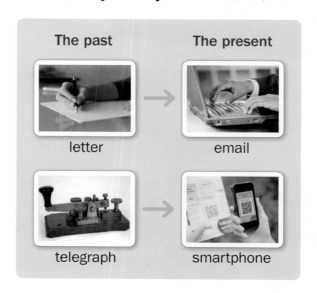

The past → The present

letter → email

telegraph → smartphone

Comprehension Checkup

A Choose the best answers.

1. What is the passage mainly about?

a. changed lifestyles

b. the importance of family

c. machines of the future

2. What has made washing clothes easier than before?

a. new clothes

b. washboards

c. washing machines

3. How did people in the past get in touch with others?

a. They used SNS.

b. They sent emails.

c. They wrote letters.

4. Which is NOT true according to the passage?

a. Computers help us communicate.

b. PCs are not used in communication.

c. Twitter is a social networking service.

B Select True or False.

1. People used to wash their clothes using washboards.   T / F

2. We can communicate through social networking services.   T / F

Vocabulary Focus

A Match the words with their meanings.

1.  washboard •

    • **a.** to speak or write to someone

2. washing machine •

    • **b.** an uneven board to wash clothes

3.  communicate •

    • **c.** a substance, usually soil, that makes things dirty

4. dirt •

    • **d.** a machine to wash clothes

B Choose the correct words to fill in the blanks.

send	less	dirt	touch

1. With washing machines, families can wash more clothes in .... time.

2. Families did not have telephones to get in .... with their family members.

3. We can talk on the telephone or .... emails from computers.

4. Families used washboards to get the .... out.

Grammar Focus

have/has + p.p.

Change the sentences like the example.

e.g. You lost weight. ➜ You have lost weight.

1. Times changed.

➜ _____

2. He finished his homework.

➜ _____

Summary

Fill in the blanks with the correct words to summarize the passage.

wrote	washed	communicate	send	touch

A long time ago, families _____ their clothes by hand,

but most families today use washing machines. A long time

ago, families _____ letters to get in _____ with

their family members, but, today, we can talk on the phone

and _____ emails. Social networking services also help

us _____ .

Changing Communities

🎧 Listen and check ☑ what you already know.

① People used to drive in carriages pulled by horses. ☐

Reading Focus

- What is transportation?
- Today, what do people use for transportation?

Vocabulary

- ★ community
- ★ transportation
- ★ carriage
- ★ pull
- ★ pond
- ★ lake
- ★ indoor rink
- ★ heated
- ★ pool

Changing Communities

Life in communities has changed over the years. One of those changes is in transportation. Transportation is a way of moving people or things from one place to another.

Years ago, many people rode carriages pulled by horses. Today, most people use cars, buses, and subways for transportation. Another example can be activities people enjoy. Years ago, in winter, people ice-skated outside on ponds and lakes. In summer, they swam in lakes, ponds, and oceans.

Today, people can ice-skate all year long in indoor rinks. People can still swim in lakes, ponds, and oceans, but they can also swim in heated pools all year long.

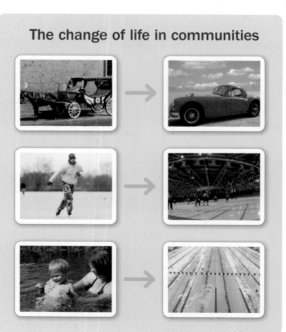

The change of life in communities

Comprehension Checkup

A Choose the best answers.

1. **What is the passage mainly about?**

   a. changes in life over the years

   b. changes in ways to enjoy life

   c. changes in how people travel

2. **Which is NOT mentioned as a life change?**

   a. fun activities

   b. transportation

   c. communication

3. **What did people in the past enjoy?**

   a. swimming in a pool

   b. ice-skating on a pond

   c. skating in indoor rinks

LEVEL UP! 4. **What can be inferred from the passage?**

   a. Most people today have more free time.

   b. People long ago didn't like indoor activities.

   c. There are more ways to travel than in the past.

B Select True or False.

1. Long ago, only rich people could ride in carriages pulled by horses. T / F

2. Today, people do not have to go outside to ice-skate. T / F

Vocabulary Focus

A Match the words with their meanings.

1.

   a. an area of ice that you can skate on

2.

   b. to move something toward you

3.

   c. a container filled with water for people to swim in

4.

   d. a small area of water that is surrounded by land

B Choose the correct words to fill in the blanks.

swam	pools	moving	pulled

1. Transportation is a way of _____ people from one place to another.

2. Years ago, people _____ in lakes, ponds, and oceans.

3. Today, people can swim in heated _____ all year long.

4. Years ago, people rode carriages _____ by horses.

64

Grammar Focus

Correct the underlined words and then rewrite the sentences.

1. Years ago, many people <u>ride</u> carriages pulled by horses.

   →

2. A long time ago, families <u>wash</u> their clothes by hand.

   →

Summary

Fill in the blanks with the correct words to summarize the passage.

> use   pulled   heated   indoor   transportation

Unlike years ago when many people rode carriages

.... by horses, today, most people ....

cars, buses, and the subway for .... Unlike years

ago, people can ice-skate in .... rinks, and swim in

.... pools all year long.

UNIT 09
Social Studies

Many Jobs

🎧 Listen and check ☑ what you already know.

① There are many different jobs at various places. ☐

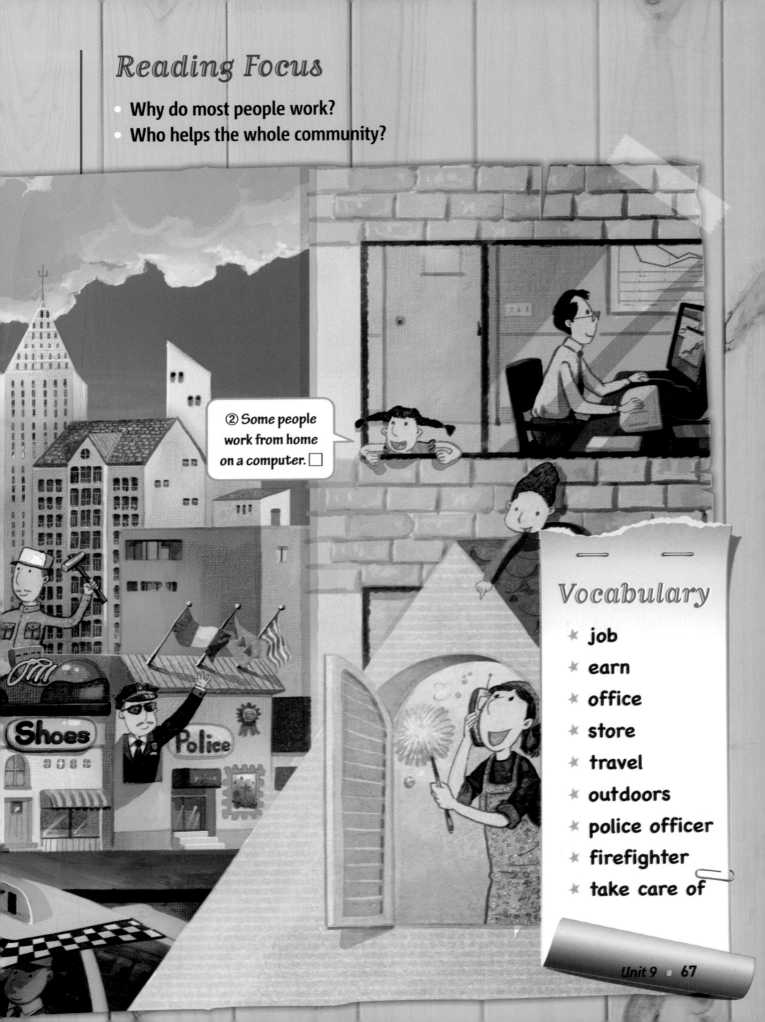

② Some people work from home on a computer. ☐

Vocabulary

- ★ job
- ★ earn
- ★ office
- ★ store
- ★ travel
- ★ outdoors
- ★ police officer
- ★ firefighter
- ★ take care of

Many Jobs 🎧

Many people have jobs. Most people work at their jobs to earn money. To earn means to get paid for the work you do.

People work in many different places, such as offices and stores. Some people travel to do their work. Some people work outdoors. Some people help everyone in a community. Police officers, teachers, bus drivers, and firefighters work for the whole community.

Today, many people work from home. These people can do office work with computers without leaving their house. Sometimes, one parent works at home by taking care of the house and family, while the other parent works outside the home to earn money.

Jobs

police officer   firefighter   doctor   teacher   judge   cleaner

A Choose the best answers.

1. What is the passage mainly about?

a. various types of work

b. the most difficult jobs

c. popular jobs these days

2. Who helps everyone in a community?

a. people who work from home

b. people who work outdoors

c. police officers and firefighters

3. What do people who work from home do?

a. They look for a job that pays a lot.

b. They work for the whole community.

c. They work at home on the computers.

LEVEL UP! 4. What can be inferred from the passage?

a. People who work outdoors earn less.

b. Some jobs are needed for all in a town.

c. Most people want to work in an office.

B Select True or False.

1. People have jobs to get paid for the work they do.   T / F

2. There are people who travel to do their work.   T / F

Vocabulary Focus

A Match the words with their meanings.

1. store    •   • **a.** someone whose job is to stop fires from burning

2. outdoors   •   • **b.** a place where goods are sold to the public

3. travel   •   • **c.** outside, not in a building

4. firefighter   •   • **d.** to go from one place to another

B Choose the correct words to fill in the blanks.

care	leaving	earn	outdoors

1. Most people work at their jobs to .... money.

2. Some people work ....

3. Today, many people can do office work with computers without .... their house.

4. Sometimes one parent works at home by taking .... of the house and family.

to-infinitives as noun

Correct the underlined words and then rewrite the sentences.

1. <u>Earn</u> means to get paid for the work you do.

   →

2. <u>Walk</u> is good for health.

   →

Summary

Fill in the blanks with the correct words to summarize the passage.

community   outdoors   various   home   earn

Most people work at their jobs to .... money.

People work inside .... places or even ....

Police officers, teachers, bus drivers, and firefighters help

everyone in a .... Today, many people work from

.... with computers.

Producers and Consumers

🎧 Listen and check ☑ what you already know.

① There are people who make or grow things to sell. ☐

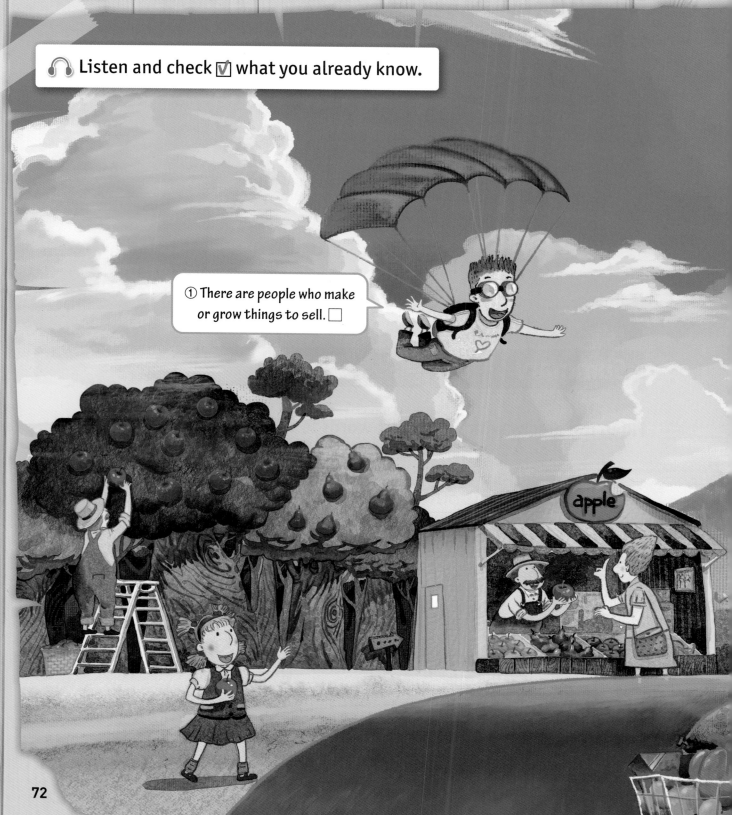

Reading Focus

- What do producers do?
- Why are all of us consumers?

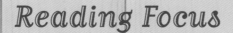

Mart

Vocabulary

- ★ producer
- ★ goods
- ★ sell
- ★ grow
- ★ farmer
- ★ market
- ★ buy
- ★ consumer

② Stores and markets sell what producers have made. □

Producers and Consumers

Producers make goods to sell. People who grow goods to sell can also be called producers. When farmers grow apples to sell, they are producers.

Farmers sell their goods to stores or markets. Then, people buy the goods there. Consumers eat or use things that are grown or made by producers.

All of us are consumers. This is because we all have needs and wants. We all have things that we need or want to buy.

Farmers growing apples to sell are producers. However, when they buy a cup at a store, they become consumers.

producer   market   consumer

Comprehension Checkup

A Choose the best answers.

1. What is the passage mainly about?

a. people who produce and consume

b. goods that are consumed in markets

c. stores that connect makers and buyers

2. Who are producers?

a. people who pay for goods

b. people who need goods

c. people who make or grow goods

3. Why are all of us consumers?

a. because we all need markets

b. because we all buy something

c. because we all cannot produce

LEVEL UP! 4. What can be inferred from the passage?

a. Markets pay producers for goods.

b. Many stores are owned by producers.

c. Consumers buy what producers want.

B Select True or False.

1. When people buy something, they become consumers.　　T / F

2. Producers use things that are made by consumers.　　T / F

A Match the words with their meanings.

1.  goods •

    • **a.** to give something in exchange for money

2. grow •

    • **b.** things that are produced to be sold

3.  market •

    • **c.** to make plants or crops develop

4. sell •

    • **d.** a place to buy and sell things

B Choose the correct words to fill in the blanks.

producers	consumers	sell	wants

1. Producers make goods to ....

2. Consumers eat things that are grown by ....

3. We all have needs and ....

4. When farmers buy a cup, they become ....

Grammar Focus

Correct the underlined words and then rewrite the sentences.

1. They can be <u>call</u> producers.

   →

2. Consumers eat or use things that are <u>grew</u> by producers.

   →

Summary

Fill in the blanks with the correct words to summarize the passage.

> consumers   grow   buying   growing   made

Producers make or .... goods to sell. Consumers

eat or use the things grown or .... by producers.

We are all .... because we all have needs and

wants. Farmers are producers when .... food, but

they are consumers when .... goods.

Ancient Egypt

🎧 Listen and check ☑ what you already know.

① There was a king called the pharaoh in Egypt. ☐

Reading Focus

- In the earliest times, where did people sleep?
- Where did King Tut live?

② In ancient Egypt, people planted crops and built houses. ☐

Vocabulary

- ★ learn
- ★ hunt
- ★ grassland
- ★ feed
- ★ cave
- ★ plant
- ★ gather
- ★ village
- ★ country
- ★ crop

Ancient Egypt 🎧

In the earliest times, people did not know how to grow food. Before they learned it, they had to hunt wild animals. They had to keep moving from one grassland to another to feed themselves. Sometimes they were lucky enough to find shelter in caves.

pyramid

Later, people began planting food and gathering into villages. They could sleep in the buildings they made for themselves. Egypt is one country where people first started growing crops and building houses.

sphinx

Egypt had a king called the pharaoh. One young pharaoh, Tutankhamen or King Tut, lived near the Nile, the longest river in the world.

pharaoh

A Choose the best answers.

1. **What is the passage mainly about?**

   a. the first country by a river

   b. one of the earliest countries

   c. ancient farming and building

2. **Why did people have to hunt wild animals?**

   a. because wild animals often attacked them

   b. because they needed wild animals for farming

   c. because they did not know how to grow food

3. **Why did people have to keep moving?**

   a. in order to find shelter

   b. in order to find a river

   c. in order to find food

LEVEL UP! 4. **What can be inferred from the passage?**

   a. People gathered near a river to travel by ship.

   b. People learned farming from the kings of the country.

   c. People stayed in one place as they began farming.

B Select True or False.

1. In the earliest times, people did not know how to hunt. T / F

2. The king of ancient Egypt was called the pharaoh. T / F

A Match the words with their meanings.

1. hunt • • **a.** to chase animals to kill or catch them

2. grassland • • **b.** to give food to a person or animal

3. feed • • **c.** a large hole in the side of a cliff or hill

4. cave • • **d.** a large area covered with wild grass

B Choose the correct words to fill in the blanks.

crops   villages   feed   caves

1. They kept moving from one grassland to another to .... themselves.

2. While hunting, they could sleep in .... when they were lucky.

3. People began planting food and gathering into ....

4. Egypt was one country where people started growing ....

Grammar Focus

have to

Choose the correct words.

1. People had to (*hunt* / *hunting*) wild animals.

2. They had to (*keeps* / *keep*) moving from one grassland to another to feed themselves.

3. He (*has* / *have*) to study hard to pass the exam.

Summary

Fill in the blanks with the correct words to summarize the passage.

| keep | longest | hunted | pharaoh | building |

In the earliest times, people .... wild animals.

They had to .... moving to feed themselves.

People started growing crops and .... houses in

Egypt. There was a king in Egypt called the ....

One young pharaoh called King Tut lived near the

.... river in the world, the Nile.

The Nile

🎧 Listen and check ☑ what you already know.

① The Nile passes through a great desert. ☐

Reading Focus

- Where does the Nile begin?
- How is the weather in Egypt?

② People grew crops and built houses along the Nile. ☐

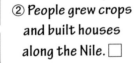

Vocabulary

- ★ central
- ★ desert
- ★ flood
- ★ bank
- ★ ancient
- ★ depend
- ★ overflow
- ★ moist
- ★ soil

The Nile 🎧

The Nile begins in central Africa. It passes through a great desert. It ends at the Mediterranean Sea. Each year, the northern part of the Nile flooded over its banks. That was where Egypt began. Everything in ancient Egypt depended on the overflowing of the Nile. The water left rich and moist soil on its banks for many miles. Farmers planted crops in the soil. Since it is very warm in Egypt all year, the Egyptians could grow a lot of food. Being able to grow crops in one place meant that the people no longer had to move around. They could stay and build villages and cities.

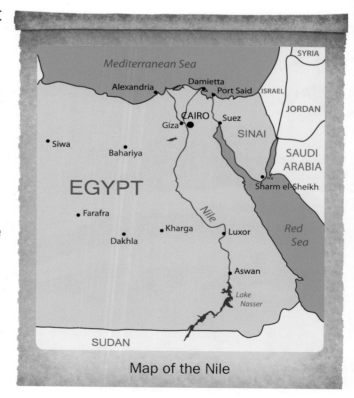

Map of the Nile

Comprehension Checkup

A Choose the best answers.

1. What is the passage mainly about?

a. where countries started

b. how the Nile was formed

c. how ancient Egypt started

2. What happened at the northern part of the Nile each year?

a. It became dry and dusty.

b. It flooded and left good soil.

c. It overflowed and killed people.

3. Why did the Egyptians no longer have to move around?

a. because they found cities

b. because they were very rich

c. because they could grow crops

LEVEL UP! 4. What can be inferred from the passage?

a. The farmers were originally fishers.

b. Flooding of the Nile helped Egypt begin.

c. Many ancient people fought over the Nile.

B Select True or False.

1. The Nile ends in central Africa. T / F

2. It is warm in Egypt all year round. T / F

Vocabulary Focus

A Match the words with their meanings.

1.  flood •   • a. the top layer of the earth where plants grow

2. bank •   • b. slightly wet

3.  soil •   • c. land along the side of a river or lake

4.  moist •   • d. to cover a place with water

B Choose the correct words to fill in the blanks.

| flooded | central | desert | overflowing |

1. The Nile passes through a great _____.

2. Everything in Ancient Egypt depended on the _____ of the Nile.

3. The Nile _____ over its banks.

4. The Nile begins in _____ Africa.

Grammar Focus

Gerund(-ing) as subject

Choose the correct words.

1. (*Be* / *Being*) able to grow crops in one place meant that the people no longer had to move around.

2. (*Walk* / *Walking*) is good for your health.

3. Reading (*is* / *are*) important for children.

Summary

Fill in the blanks with the correct words to summarize the passage.

flooded	northern	ancient	crops	moist

The .... part of the Nile is where ....

Egypt began. Each year, it .... over its banks.

The water left rich and .... soil over its banks for

many miles. People could grow .... in the soil and

started building villages.

Review Vocabulary Test **Social Studies UNIT 07~UNIT 12**

A Write the correct words and the meanings in Korean.

1. to give something in exchange for money

   word .... meaning ....

2. to speak or write to someone

   word .... meaning ....

3. to cover a place with water

   word .... meaning ....

4. to chase animals to kill or catch them

   word .... meaning ....

B Choose the correct words to fill in the blanks.

| villages | earn | crops | producers |

1. Most people work at their jobs to .... money.

2. Consumers eat things that are grown by ....

3. People started growing .... and building houses in Egypt.

4. The Egyptians could stay and build .... and cities.

C **Complete the crossword puzzle.**

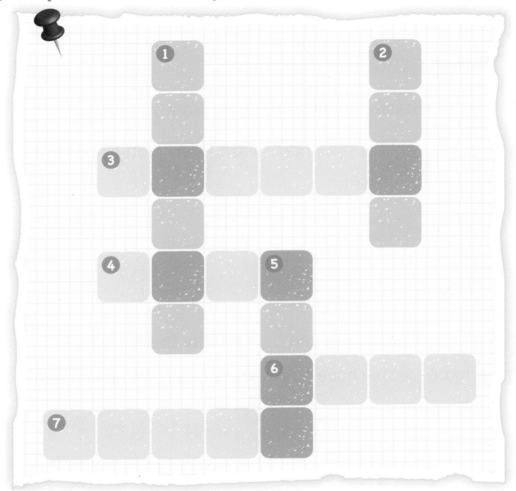

Across

3 to go from one place to another

4 to give food to a person or animal

6 an area of ice that you can skate on

7 slightly wet

Down

1 a place to buy and sell things

2 to move something toward you

5 a substance, usually soil, that makes things dirty

A Choose the correct words.

1. Times have (*change* / *changed*).

2. (*Walk* / *Walking*) is good for your health.

3. (*Earn* / *To earn*) means to get paid for the work you do.

4. A long time ago, families (*washed* / *wash*) their clothes by hand.

B Correct the underlined words and then rewrite the sentences.

1. Years ago, many people have ridden carriages pulled by horses.

   →

2. People had to hunting wild animals.

   →

3. Consumers eat or use things that are make by producers.

   →

AMERICAN
TEXTBOOK
READING

Language Arts & Music

UNIT 13
Language Arts

Sayings and Phrases 1

🎧 Listen and check ☑ what you already know.

① Practice makes perfect. ☐

Reading Focus

- When you don't want to make any mistakes, what should you do?
- When you want to achieve something, what should you do?

Vocabulary

★ practice
★ perfect
★ proud
★ mistake
★ will
★ way
★ try
★ jump rope
★ in a row
★ mess up

Sayings and Phrases 1

Practice makes perfect.

This saying means that doing something over and over makes you good at it. Jane liked taking piano lessons. She practiced every day. She felt proud when she learned to play her first song without making any mistakes. She understood now why her teacher always said, "Practice makes perfect."

Where there's a will, there's a way.

This saying means if you want to do something badly enough, you'll find a way to do it.

Julia had tried and tried to jump rope fifty times in a row, but she always messed up after forty jumps.

"I don't think I'll ever do fifty!" she said to her friend Jennifer.

"Oh, yes, you will," said Jennifer. "Keep trying. Where there's a will, there's a way."

Comprehension Checkup

A Choose the best answers.

1. **Which is true about Jane?**

   a. She didn't enjoy the piano.

   b. She practiced the piano hard.

   c. She learned the piano by herself.

2. **What was Jane proud of?**

   a. practicing every day

   b. taking piano lessons

   c. playing without mistakes

3. **When can you find a way to do something?**

   a. when you ask others for help

   b. when you are about to give up

   c. when you want it badly enough

4. **Why did Jennifer say "Keep trying." to Julia?**

   a. to make Julia feel better

   b. to tell Julia not to give up

   c. to show Julia how to jump rope

B Select True or False.

1. Jane understands what the saying means now.　　T / F

2. It was hard for Julia to jump rope fifty times in a row.　　T / F

Vocabulary Focus

A **Match the words with their meanings.**

1.  practice

2.  proud

3.  jump rope

4.  mistake

   a. to jump over a rope

   b. to do something regularly to improve a skill

   c. feeling pleased about someone or something

   d. something done in a wrong way

B **Choose the correct words to fill in the blanks.**

messed	good	way	practice

1. Doing something over and over makes you .... at it.

2. .... makes perfect.

3. If you want to do something badly enough, you will find a .... to do it.

4. She always .... up after forty jumps.

98

Grammar Focus

Gerund(–ing) as objective

Choose the correct words.

1. Jane liked (*take* / *taking*) piano lessons.

2. He finished (*washes* / *washing*) the dishes.

3. Keep (*trying* / *to try*).

Summary

Fill in the blanks with the correct words to summarize the story.

> perfect   way   will   difficulties   practice

If you want to be good at something, you should

.... it over and over as the old saying goes:

"Practice makes ...."

You will face some ...., but, if you want to do

something badly enough, you will find a .... to do it.

Where there's a ...., there's a way.

UNIT 14 Language Arts
Sayings and Phrases 2

🎧 Listen and check ☑ what you already know.

① Look before you leap. ☐

Reading Focus

- Before you do something important, what should you do?
- If you want to get something ahead of others, what should you do?

② The early bird gets the worm. ☐

Vocabulary

- ★ leap
- ★ careful
- ★ rush
- ★ trade
- ★ cost
- ★ worm
- ★ get ahead
- ★ free
- ★ find out

Sayings and Phrases 2 🎧

Look before you leap.

This saying means that you should be careful and think before you rush into something.

"Mom, John says he'll trade me all his toy cars for my bike. Isn't that great?"

"I don't know, Tom. Your bike costs a lot more than the toy cars. Do you really want to trade? You'd better look before you leap."

The early bird gets the worm.

This saying means that you can usually get ahead of others if you get going before they do.

"Hey, Bill, did you hear? Jane's Card Shop is opening early on Saturday, and the first fifty people in the shop will get free baseball cards!"

"That's great! Let's find out what time it opens and be waiting at the door, Steve. The early bird gets the worm, you know."

Comprehension Checkup

A **Choose the best answers.**

1. **What does Tom want to exchange his bike for?**

   a. money

   b. homework

   c. toy cars

2. **What should we do before we rush into something?**

   a. We should think carefully.

   b. We should take a rest.

   c. We should stop thinking.

3. **Why does Bill want to go to the shop?**

   a. to get free cards

   b. to see if it is open

   c. to buy some cards

4. **How can we get ahead of others?**

   a. by finding out the exact time

   b. by starting before others do

   c. by not rushing into something

B **Select True or False.**

1. Tom's mom does not agree with Tom.　　　　T / F

2. Bill wants to go to the shop earlier than others.　　T / F

Vocabulary Focus

A Match the words with their meanings.

1.  •

    • **a.** to exchange one thing for another

2.  •

    • **b.** to jump and land in a different place

3.  •

    • **c.** a long, thin creature with no bones and legs

4.  •

    • **d.** not costing any money

B Choose the correct words to fill in the blanks.

leap	worm	waiting	trade

1. He'll _____ me all his toy cars for my bike.

2. You'd better look before you _____.

3. Let's find out what time it opens and be _____ at the door.

4. The early bird gets the _____.

Grammar Focus

should

Change the sentences like the example.

> e.g. Keep going. → You should keep going.

1. Be careful. →

2. Keep moving. →

3. Wait at the door. →

Summary

Fill in the blanks with the correct words to summarize the story.

> leap   ahead   careful   worm   rush

Before you .... into anything, you should be

.... and think as the old saying goes:

"Look before you ...."

If you want to get .... of others, get going before

they do. The early bird gets the ....

UNIT 15 Music

Musical Instruments

🎧 Listen and check ☑ what you already know.

① You play percussion instruments by shaking or hitting. ☐

Reading Focus

- How do we play wind instruments?
- What instruments are the violin and cello?

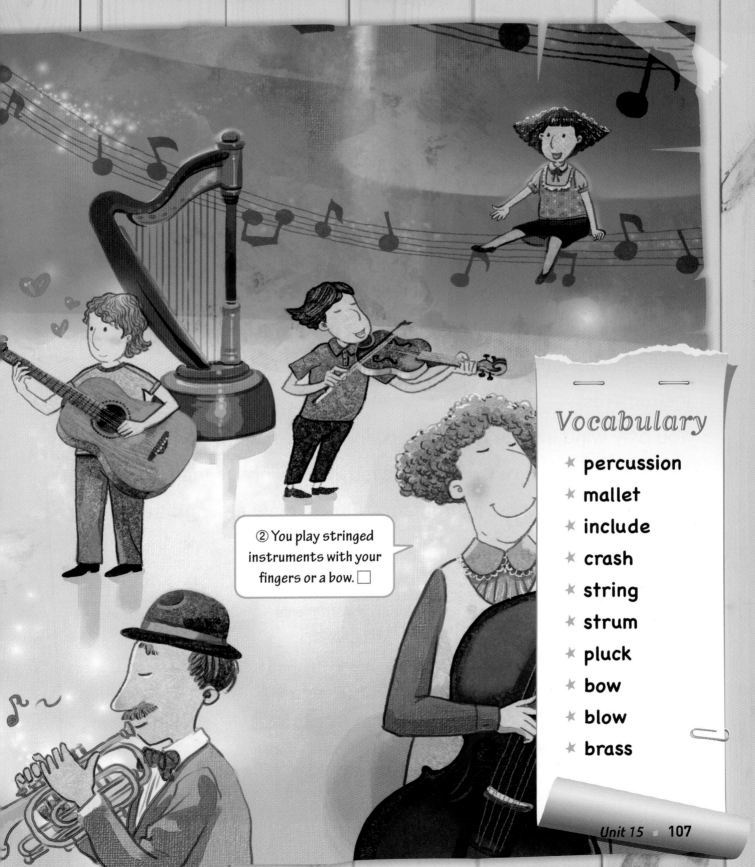

② You play stringed instruments with your fingers or a bow. ☐

Vocabulary

- ★ percussion
- ★ mallet
- ★ include
- ★ crash
- ★ string
- ★ strum
- ★ pluck
- ★ bow
- ★ blow
- ★ brass

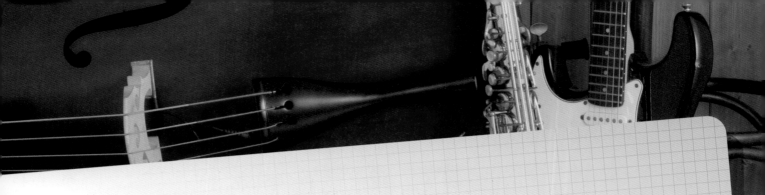

Musical Instruments 🎧

You shake percussion instruments or hit them with your hands, sticks, or mallets. Percussion instruments include drums, xylophones, tambourines, and cymbals. When you hit cymbals together, they make a sound like a loud crash.

Instruments with strings are called stringed instruments. You play them either by strumming or plucking them with your fingers or by playing them with a bow. Guitars, violins, and cellos are stringed instruments.

You play wind instruments by blowing air into them. Some wind instruments made of wood are called woodwinds. Others made of brass are called brass instruments. Flutes, clarinets, and trumpets are wind instruments.

Percussion instruments

drums   cymbals

xylophone   tambourine

Stringed instruments

guitar   violin   cello

Wind instruments

trumpet

clarinet   flute

Comprehension Checkup

A Choose the best answers.

1. What is the passage mainly about?

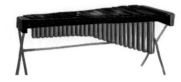

   a. the most popular musical instruments

   b. basic musical instruments for orchestras

   c. musical instruments and how they are played

2. How do we play stringed instruments?

   a. by blowing air into them

   b. by strumming or plucking them

   c. by hitting them with a stick or a mallet

3. Which instrument needs air to make sounds?

   a. the drum

   b. the cello

   c. the flute

LEVEL UP! 4. What can be inferred about musical instruments?

   a. They are made of various materials.

   b. They are named after their creators.

   c. They are difficult to learn and play.

B Select True or False.

1. We hit xylophones to make sounds.　　　　T / F
2. We use mallets to play cellos.　　　　　　T / F

Vocabulary Focus

A **Match the words with their meanings.**

1.  •

   • **a.** a long, thin piece of wire, nylon, etc.

2.  •

   • **b.** to pull the strings of a musical instrument

3.  •

   • **c.** a wooden hammer with a large end

4.  •

   • **d.** a very hard, bright yellow metal

B **Choose the correct words to fill in the blanks.**

bow	crash	include	shake

1. You .... percussion instruments or hit them.

2. Cymbals make a sound like a loud ....

3. You play stringed instruments with your fingers or a ....

4. Percussion instruments .... drums and cymbals.

Grammar Focus

and / or

Choose the correct words.

1. You shake percussion instruments (*or* / *for*) hit them with your hands, sticks, or mallets.

2. Percussion instruments include drums, xylophones, tambourines, (*with* / *and*) cymbals.

3. You play stringed instruments by strumming (*but* / *or*) plucking them with your fingers.

Summary

Fill in the blanks with the correct words to summarize the passage.

> air   bow   plucking   stringed   mallets

You play percussion instruments by shaking or hitting them with your hands, sticks, or .... Instruments with strings are called .... instruments. You play them either by strumming or .... them with your fingers or by using a .... You play wind instruments by blowing .... into them.

Keyboards and Electronic Instruments

🎧 Listen and check ☑ what you already know.

① The piano and organ are keyboard instruments. ☐

Reading Focus

- What is the harpsichord?
- What is the electric guitar?

Keyboards and Electronic Instruments 🎧

Some musical instruments like the piano and organ use a keyboard. These are called keyboard instruments.

One person can play many notes at the same time on a keyboard instrument: you can play as many notes as you have fingers, all at the same time.

The harpsichord is a very old kind of keyboard while electronic keyboard instruments are new ones. Nowadays, when people talk about a keyboard, they often mean an electronic keyboard. Musical instruments that use electricity are called electronic instruments. The electric guitar is one of the most popular of these. It is a stringed instrument usually played with a pick and sometimes with fingers.

Keyboard instruments

piano

organ

Electronic instruments

electric guitar

electric organ

Comprehension Checkup

A Choose the best answers.

1. **What is the passage mainly about?**

    a. popular electronic instruments

    b. the history of keyboard instruments

    c. some types of musical instruments

2. **What is mentioned as a feature of keyboard instruments?**

    a. It is easy to learn to play them.

    b. You can play many notes at once.

    c. They are more popular than any others.

3. **What are electric guitars played with?**

    a. a stick

    b. a bow

    c. a pick

4. **What are electronic instruments?**

    a. those with a keyboard

    b. those that use electricity

    c. those made by computers

B Select True or False.

1. Musical instruments with a keyboard are called keyboard instruments.   T / F

2. Harpsichords are older than electronic keyboards.   T / F

Vocabulary Focus

A **Match the words with their meanings.**

1.  keyboard •
2.  pick •
3.  popular •
4.  note •

• **a.** liked by a lot of people

• **b.** the row of keys on some musical instruments

• **c.** a particular musical sound or symbol

• **d.** a small, flat object used for playing some stringed instruments

B **Choose the correct words to fill in the blanks.**

> electricity   musical   popular   electronic

1. Some _____ instruments like the piano or organ use a keyboard.

2. Musical instruments that use electricity are called _____ instruments.

3. Electronic instruments use _____.

4. The electric guitar is one of the most _____ electronic instruments.

Grammar Focus

Choose the correct words.

1. One person can (*plays* / *play*) many notes at the same time on a keyboard instrument.

2. He (*can* / *cans*) help you find the place.

3. She (*gives can* / *can give*) us the answer.

Summary

Fill in the blanks with the correct words to summarize the passage.

> notes   keyboard   electronic   electricity   same

Some musical instruments with a .... are keyboard

instruments. One person can play many .... at the

.... time on a keyboard instrument. Nowadays, when

people talk about a keyboard, they often mean an ....

keyboard. Musical instruments that use .... are

called electronic instruments.

A Write the correct words and the meanings in Korean.

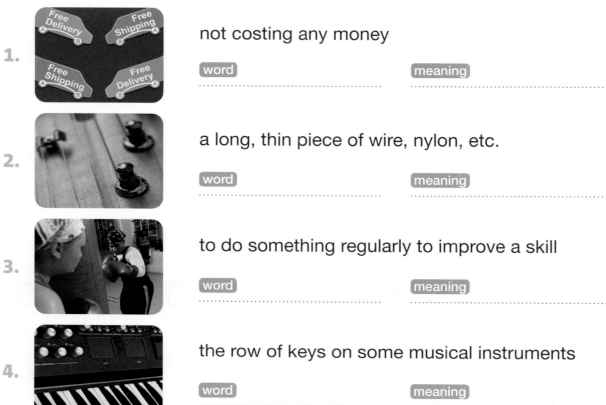

1. not costing any money

   word .... meaning ....

2. a long, thin piece of wire, nylon, etc.

   word .... meaning ....

3. to do something regularly to improve a skill

   word .... meaning ....

4. the row of keys on some musical instruments

   word .... meaning ....

B Choose the correct words to fill in the blanks.

include	good	worm	electricity

1. The early bird gets the ....

2. Electronic instruments use ....

3. Percussion instruments .... drums and cymbals.

4. Doing something over and over makes you .... at it.

C Complete the puzzle.

1. feeling pleased about someone or something
   ☐☐☐☐☐☐

2. a particular musical sound or symbol
   ☐☐☐☐

3. a small, flat object used for playing some stringed instruments
   ☐☐☐☐

4. to pull the strings of a musical instrument
   ☐☐☐☐☐

5. to jump and land in a different place
   ☐☐☐☐

6. a wooden hammer with a large end
   ☐☐☐☐☐☐

7. to exchange one thing for another
   ☐☐☐☐☐

....

What is the one word in the colored boxes?

A Choose the correct words.

1. You shake percussion instruments (*or* / *but*) hit them.

2. Jane liked (*take* / *taking*) piano lessons.

3. You can (*call* / *calls*) me John.

4. You should (*wait* / *waiting*) at the door.

B Correct the underlined words then rewrite the sentences.

1. You should <u>being</u> careful.

   →

2. He finished <u>wash</u> the dishes.

   →

3. One person can <u>plays</u> many notes at the same time on a keyboard instrument.

   →

AMERICAN
TEXTBOOK
READING

Visual Arts & Math

Lines

🎧 Listen and check ☑ what you already know.

① Vertical lines point up and down while horizontal lines point from side to side. ☐

Reading Focus

- What are zigzag lines?
- What is the line that bends all the way around?

② Lines that are bent are called curved lines. ☐

Vocabulary

- ★ straight
- ★ direction
- ★ vertical
- ★ horizontal
- ★ diagonal
- ★ zigzag
- ★ active
- ★ bend
- ★ circle
- ★ spiral

Lines 🎧

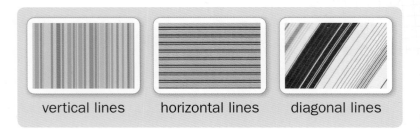

vertical lines horizontal lines diagonal lines

These are straight lines, but they point in different directions. The lines that point up and down are called vertical lines. The lines that point side to side are horizontal lines. The lines that are leaning are called diagonal lines.

zigzag lines

Lines do not have to be just straight. Look at a zigzag line. It is more lively or active compared to a horizontal line because it moves in more directions.

Here are some more lines. These lines are bent. The lines that bend a little are called curved lines. The line that bends all the way around is called a circle. The line that keeps curving inside itself is called a spiral.

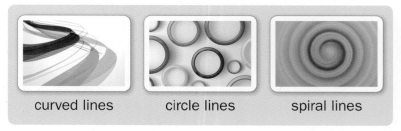

curved lines circle lines spiral lines

124

Comprehension Checkup

A **Choose the best answers.**

1. What is the passage mainly about?

   a. different types of lines

   b. feelings that lines give

   c. the importance of lines in art

2. What are vertical lines?

   a. lines that point side to side

   b. lines that are leaning

   c. lines that point up and down

3. Which is true about a zigzag line?

   a. It looks lively or active.

   b. It moves in one direction.

   c. It goes straight up and down.

4. Which line keeps curving inside itself?

   a. a diagonal line

   b. a horizontal line

   c. a spiral line

B **Select True or False.**

1. Straight lines point in the same directions all the time.   T / F

2. Curved lines bend a lot, just like circles.   T / F

Vocabulary Focus

A Match the words with their meanings.

1.  straight •

 • **a.** not curved or bent

2. direction •

 • **b.** to put pressure on something to make it become curved

3. active •

 • **c.** the way something or someone faces

4. bend •

 • **d.** moving energetically

B Choose the correct words to fill in the blanks.

| horizontal | spiral | circle | vertical |

1. The lines that point up and down are called _____ lines.

2. The lines that point side to side are _____ lines.

3. The line that bends all the way around is called a _____.

4. The line that keeps curving inside itself is called a _____.

Choose the correct words.

1. The line that keeps (*curving* / *to curve*) inside itself is called a spiral.

2. Don't stop. Keep (*walk* / *walking*).

3. Keep (*call* / *calling*) her.

Summary

Fill in the blanks with the correct words to summarize the passage.

> leaning   curving   around   side   bend   down

The lines that point up and .... are vertical lines.

The lines that point side to .... are horizontal lines.

The lines that are .... are diagonal lines. A zigzag

line moves in multiple directions. The lines that ....

a little are curved lines. The line that bends all the way

.... is a circle. The line that keeps ....

inside itself is a spiral.

Drawing with Lines

🎧 Listen and check ☑ what you already know.

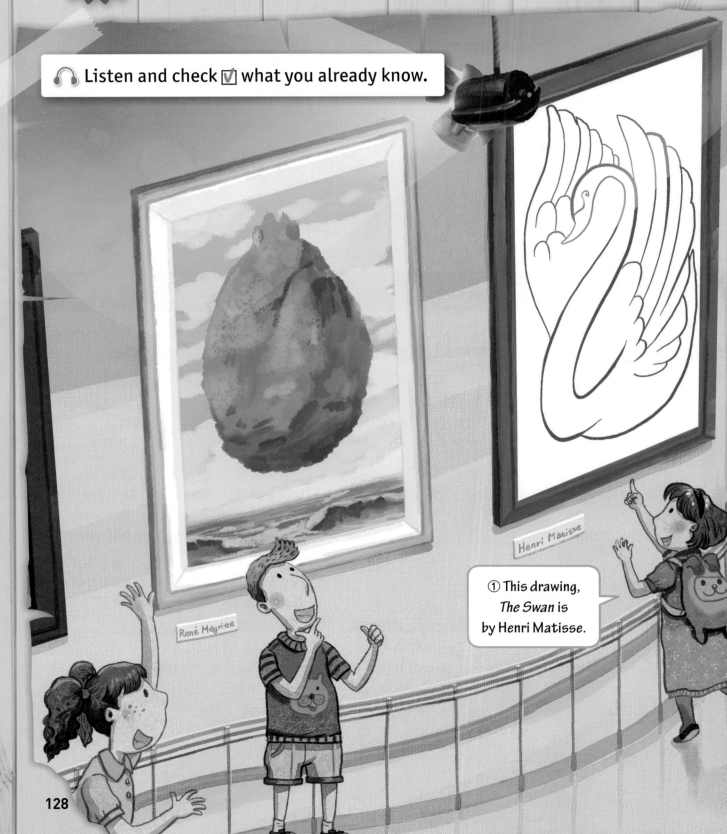

René Magritte

Henri Matisse

① This drawing, *The Swan* is by Henri Matisse.

Reading Focus

- What lines are used in *The Swan*?
- What lines are used in *Shell No. 1*?

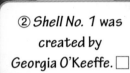

② *Shell No. 1* was created by Georgia O'Keeffe. ☐

Georgia O'Keeffe

Pablo Picasso

Vocabulary

- ★ drawing
- ★ swan
- ★ neck
- ★ curve
- ★ graceful
- ★ painting
- ★ shell
- ★ stand out

Drawing with Lines 🎧

There is a picture made only from lines. The drawing, called
The Swan, is by the French artist Henri Matisse. What type of
lines does Matisse use for the neck of the swan? Curved lines can
seem graceful. Look for some other kinds of curved lines in the
drawing.

There is a painting by the American artist Georgia O'Keeffe. Look
for the drawing on the Internet. In the painting, called *Shell No. 1*,
is there one type of line that stands out more than the others?
Do you see the spiral lines? A spiral line is a line that keeps
curving inside itself.

A Choose the best answers.

1. **What is the passage mainly about?**

   a. artists who loved animals

   b. lines used in famous art

   c. reasons to use lines in art

2. **Which lines can you find in *The Swan*?**

   a. circles

   b. horizontal lines

   c. curved lines

3. **Which lines are there in *Shell No. 1*?**

   a. vertical lines

   b. spiral lines

   c. horizontal lines

LEVEL UP! 4. **What can be inferred from the passage?**

   a. Henri Matisse loved to draw swans.

   b. O'Keeffe left many paintings of shells.

   c. Lines can be used to express feelings.

B Select True or False.

1. *The Swan* was drawn by the French artist, Matisse.   **T / F**

2. Georgia O'Keeffe was from the United States.   **T / F**

Vocabulary Focus

A Match the words with their meanings.

1.  neck •

    • **a.** a large bird with a long neck that lives at rivers and lakes

2. swan •

    • **b.** to bend into a round shape

3.  curve •

    • **c.** a body part that joins the head to the shoulders

4. shell •

    • **d.** a hard protective covering of an animal

B Choose the correct words to fill in the blanks.

curving	graceful	lines	stands

1. The picture, *The Swan*, is made only from ....

2. Curved lines can look ....

3. Is there one type of line that .... out?

4. A spiral line keeps .... inside itself.

132

Grammar Focus

Do/Does ~?

Change the sentences like the example.

e.g. You study English every day. ➜ Do you study English every day?

1. You see the spiral lines.

   ➜

2. He plays tennis every Sunday.

   ➜

Summary

Fill in the blanks with the correct words to summarize the passage.

graceful   lines   curved   curving   spiral

The picture, *The Swan*, by Henri Matisse is made only from

.... lines for the neck of the swan look

.... The picture, *Shell No. 1*, by Georgia O'Keeffe

has a .... line. The line keeps .... inside

itself.

Ordinal Numbers

🎧 Listen and check ☑ what you already know.

① The word "first" is an ordinal number. ☐

Reading Focus

- When do you use ordinal numbers?
- When you say "seventh," what does that mean?

② Ordinal numbers show the order or position of things. ☐

Vocabulary

- ★ line
- ★ special
- ★ ordinal
- ★ order
- ★ except for
- ★ face

Ordinal Numbers 🎧

Look at the picture. There are ten dogs. One dog is out of line. Which one? The seventh dog. The seventh dog is dog number seven. When you say "seventh," you are using a special kind of number called an ordinal number.

Ordinal numbers name the number of things in order. Practice saying and writing the first ten ordinal numbers in order. Except for first, second, and third, ordinal numbers end in 'th.'

Which of the dogs is facing a different way? Say or write the answer by using an ordinal number.

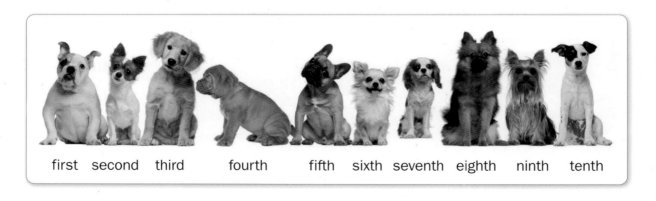

first   second   third   fourth   fifth   sixth   seventh   eighth   ninth   tenth

Comprehension Checkup

A Choose the best answers.

1. **What is the passage mainly about?**

   a. how to count numbers

   b. what ordinal numbers are

   c. why numbers are used

2. **Which dog in the picture is facing a different way?**

   a. the second dog

   b. the third dog

   c. the fourth dog

3. **Which is dog number five?**

   a. the seventh dog

   b. the fifth dog

   c. the fourth dog

LEVEL UP! 4. What can be inferred about ordinal numbers?

   a. They are used more often than numbers.

   b. They can be used to count books on a shelf.

   c. They are used when ranking runners in a race.

B Select True or False.

1. Ordinal numbers are used to show the order of things.　　T / F

2. All ordinal numbers end in 'th.'　　T / F

Vocabulary Focus

A Match the words with their meanings.

1.  line

    a. a row of things or people

2.  order

    b. to look toward someone or something

3.  face

    c. different from ordinary things

4.  special

    d. a way that you arrange things

B Choose the correct words to fill in the blanks.

except	order	facing	sixth

1. The _____ dog is dog number 6.

2. Ordinal numbers name the number of things in _____.

3. _____ for first, second, and third, ordinal numbers end in 'th.'

4. Which of the dogs is _____ a different way?

Grammar Focus

Choose the correct words.

1. (*Looking* / *Look*) at the picture.

2. (*To practice* / *Practice*) saying and writing the first ten ordinal numbers in order.

3. (*Saying* / *Say*) or write the answer by using an ordinal number.

Summary

Fill in the blanks with the correct words to summarize the passage.

third	ordinal	order	except	ends

When we say a number of something in _____,

it is an _____ number. First, second, and _____

are ordinal numbers. _____ for them, every ordinal

number _____ in 'th.'

Fractions

🎧 Listen and check ☑ what you already know.

① You can say 1/4 as one fourth or one quarter. ☐

Reading Focus

- What is a fraction?
- How is 'one half' written as a fraction?

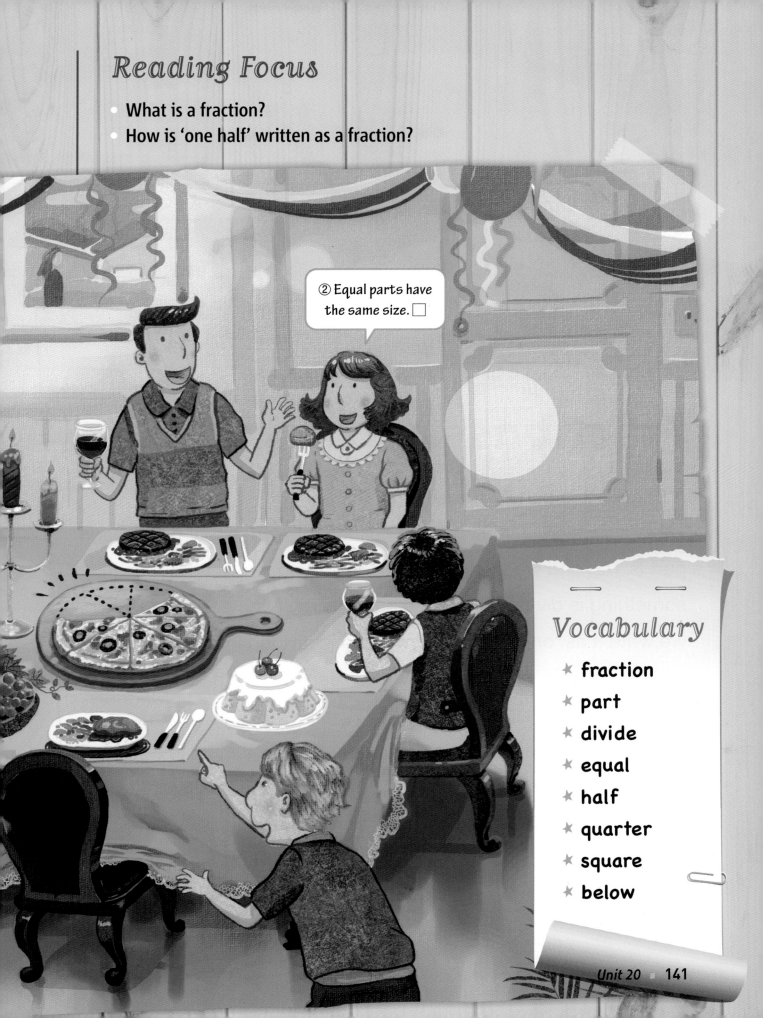

② Equal parts have the same size. ☐

Vocabulary

★ fraction
★ part
★ divide
★ equal
★ half
★ quarter
★ square
★ below

Fractions 🎧

A fraction is a part of something.

1/2 is a fraction. If something is divided into two equal parts, each part is 1/2, and we write it as 'one half.' Also, 1/3 is a fraction. If something is divided into three equal parts, each part is 1/3, and we write it as 'one third.' If something is divided into four equal parts, each part is 1/4. This is written as 'one fourth.' It can also be called 'one quarter.'

Not all parts are equal in size. Equal parts have the same size. For example, the parts of the square below are equal. However, the parts of the circle in the other picture are not equal.

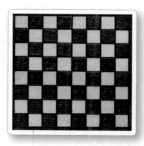 

Comprehension Checkup

A **Choose the best answers.**

1. **What is the passage mainly about?**
   a. dividing things equally
   b. understanding fractions
   c. using fractions in math

2. **What is a fraction?**
   a. a part of something
   b. all of something
   c. adding something

3. **Which is NOT 1/4?**
   a. one third
   b. one fourth
   c. one quarter

LEVEL UP! 4. **What can be inferred about fractions?**
   a. They are used only in mathematics.
   b. They are used to measure weights.
   c. They are used when dividing something.

B **Select True or False.**

1. If something is divided into two equal parts, each part is 1/3.   T / F
2. The size of equal parts is always the same.   T / F

A Match the words with their meanings.

1.  •

    • **a.** in a lower place or position

2.  •

    • **b.** a shape with four straight, equal sides

3.  •

    • **c.** one of four equal parts

4.  •

    • **d.** a part of a whole number in mathematics

B Choose the correct words to fill in the blanks.

half	quarter	each	equal

1. If something is divided into two equal parts, ... part is 1/2.

2. 1/2 is written 'one ....'

3. 1/4 is called 'one ....'

4. .... parts have the same size.

Grammar Focus

Preposition *of*

Choose the correct words.

1. A fraction is a part (*of* / *to*) something.

2. Matisse used curved lines for the neck (*at* / *of*) the swan.

3. Everything in ancient Egypt depended on the overflowing (*for* / *of*) the Nile.

Summary

Fill in the blanks with the correct words to summarize the story.

| equal | quarter | fraction | part | half |

A fraction is a _____ of something. 1/2 is a _____ and is called 'one _____.' Also, 1/3 is 'one third,' and 1/4 can be called 'one _____.' Not all parts are _____ in size, but equal parts have always the same size.

A Write the correct words and the meanings in Korean.

1.

not curved or bent

word ....   meaning ....

2.

a shape with four straight, equal sides

word ....   meaning ....

3.

a hard protective covering of an animal

word ....   meaning ....

4.

to look toward someone or something

word ....   meaning ....

B Choose the correct words to fill in the blanks.

order	curving	quarter	horizontal

1. 1/4 is called 'one ....'

2. A spiral line keeps .... inside itself.

3. The lines that point side to side are .... lines.

4. Ordinal numbers name the number of things in ....

C Complete the crossword puzzle.

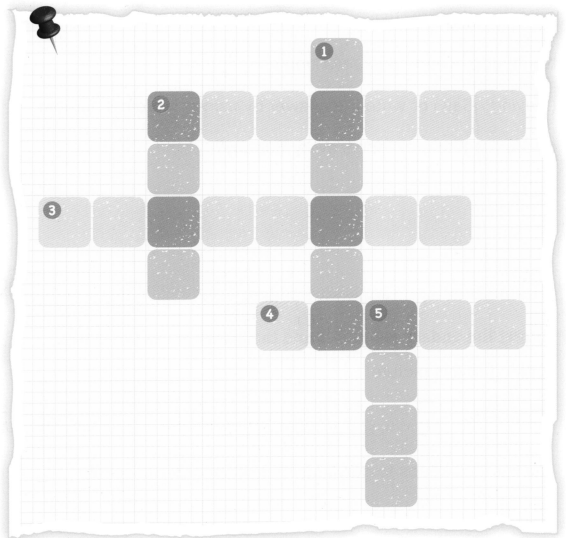

Across

2 different from ordinary things

3 a part of a whole number in mathematics

4 in a lower place or position

Down

1 moving energetically

2 a large bird with a long neck that lives at rivers and lakes

5 a row of things or people

A Choose the correct words.

1. Matisse used curved lines for the neck (*for* / *of*) the swan.

2. Don't stop. Keep (*walk* / *walking*).

3. (*Saying* / *Say*) or write the answer by using an ordinal number.

4. (*Does* / *Is*) he play tennis every Sunday?

B Correct the underlined words and then rewrite the sentences.

1. <u>Looking</u> at this picture.

2. The line that keeps <u>to curve</u> inside itself is called a spiral.

3. <u>Does</u> you see the spiral lines?

☐ ☐	**producer**	명 생산자
☐ ☐	**goods**	명 물건, 상품, 제품
☐ ☐	**sell**	동 팔다
☐ ☐	**grow**	동 재배하다, 키우다
☐ ☐	**also**	부 또한
☐ ☐	**call**	동 부르다
☐ ☐	**farmer**	명 농부
☐ ☐	**market**	명 시장
☐ ☐	**buy**	동 사다
☐ ☐	**consumer**	명 소비자
☐ ☐	**use**	동 사용하다
☐ ☐	**thing**	명 (사물을 가리키는) 것, 물건
☐ ☐	**needs**	명 필요한 것
☐ ☐	**wants**	명 원하는 것
☐ ☐	**become**	동 ~이 되다

☐ ☐	**before**	전 전에
☐ ☐	**learn**	동 배우다
☐ ☐	**hunt**	동 사냥하다
☐ ☐	**wild**	형 야생의
☐ ☐	**grassland**	명 초원, 목초지
☐ ☐	**feed**	동 먹이다, 음식을 주다
☐ ☐	**lucky**	형 운이 좋은
☐ ☐	**cave**	명 동굴
☐ ☐	**plant**	동 심다
☐ ☐	**gather**	동 모이다, 모여들다
☐ ☐	**village**	명 마을
☐ ☐	**country**	명 국가, 나라
☐ ☐	**crop**	명 농작물, 작물
☐ ☐	**build**	동 짓다, 건축하다
☐ ☐	**young**	형 젊은

UNIT 12 The Nile

	단어	뜻
□□□	central	혱 중앙의
□□□	pass through	~을 가로지르다
□□□	desert	몡 사막
□□□	flood	통 범람하다
□□□	bank	몡 둑, 제방
□□□	ancient	혱 고대의
□□□	depend	통 의존하다
□□□	overflow	통 범람하다
□□□	rich	혱 (땅이) 기름진, 비옥한
□□□	moist	혱 습기 있는, 촉촉한
□□□	soil	몡 토양, 흙
□□□	since	젼 ~ 때문에
□□□	all year	일 년 내내
□□□	no longer	더 이상 ~가 아닌
□□□	build	통 짓다, 건설하다

UNIT 09 Many Jobs

	단어	뜻
□□□	job	몡 일, 직업
□□□	earn	통 (돈을) 벌다
□□□	mean	통 의미하다
□□□	get paid	보수를 받다
□□□	office	몡 사무실
□□□	store	몡 상점, 가게
□□□	travel	통 이동하다, 여행하다
□□□	outdoors	뷔 야외에서
□□□	community	몡 공동체, 지역 사회
□□□	police officer	경찰관
□□□	firefighter	몡 소방관
□□□	whole	혱 전체의, 모든
□□□	without	젼 ~하지 않고
□□□	sometimes	뷔 때때로, 가끔
□□□	take care of	~을 돌보다

☐	practice	(명) 연습 (통) 연습하다
☐	perfect	(형) 완벽한
☐	over and over	반복해서, 몇 번이고
☐	good at	~을 잘하는
☐	take lessons	수업을 받다
☐	proud	(형) 자랑스러운
☐	mistake	(명) 실수
☐	understand	(통) 이해하다
☐	will	(명) 뜻, 의지, 소망
☐	way	(명) 길
☐	badly	(부) 몹시, 절실히
☐	try	(통) 노력하다, 시도하다
☐	jump rope	줄넘기를 하다
☐	in a row	잇따라, 연속적으로
☐	mess up	망치다, 엉망으로 만들다

☐	community	(명) 공동체, 지역 사회
☐	change	(통) 변하다 (명) 변화
☐	over the years	수년 간, 여러 해에 걸쳐
☐	transportation	(명) 운송 수단, 교통수단
☐	way	(명) 방법
☐	years ago	여러 해 전에
☐	ride	(통) 타다
☐	carriage	(명) 마차, 사륜마차
☐	pull	(통) 끌다, 당기다
☐	ice-skate	(통) 스케이트를 타다
☐	pond	(명) 연못
☐	lake	(명) 호수
☐	indoor rink	실내 스케이트장
☐	heated	(형) 가열된
☐	pool	(명) 수영장

UNIT 14 Sayings and Phrases 2

☐☐☐	leap	동	뛰다, 뛰어오르다
☐☐☐	saying	명	속담
☐☐☐	careful	형	신중한, 주의 깊은
☐☐☐	rush	동	서두르다
☐☐☐	trade	동	맞바꾸다
☐☐☐	bike	명	자전거
☐☐☐	cost	동	비용이 들다
☐☐☐	a lot		매우, 몹시
☐☐☐	had better		~하는 것이 좋을 것이다
☐☐☐	worm	명	벌레
☐☐☐	get ahead		앞지르다
☐☐☐	get going		시작하다
☐☐☐	free	형	무료의, 공짜의
☐☐☐	find out		알아내다
☐☐☐	wait	동	기다리다

UNIT 07 Families and Changes

☐☐☐	a long time ago		오래전에
☐☐☐	wash	동	세탁하다
☐☐☐	clothes	명	옷
☐☐☐	washboard	명	빨래판
☐☐☐	get out	동	~을 밖으로 내보내다
☐☐☐	dirt	명	때, 먼지
☐☐☐	take time		시간이 걸리다
☐☐☐	still	부	여전히
☐☐☐	most	형	대부분의
☐☐☐	washing machine		세탁기
☐☐☐	less	형	더 작은
☐☐☐	get in touch with		~와 연락을 취하다
☐☐☐	far away		멀리 떨어져
☐☐☐	send	동	보내다
☐☐☐	communicate	동	의사소통하다, 통신하다

☐☐ **shake** 동 흔들다

☐☐ **percussion** 명 타악기

☐☐ **mallet** 명 채, 맬렛

☐☐ **include** 동 포함하다

☐☐ **xylophone** 명 실로폰

☐☐ **crash** 명 충돌

☐☐ **string** 명 줄, 현 동 현[줄]을 달다

☐☐ **stringed instrument** 명 현악기

☐☐ **strum** 동 튕기다, 팅기다

☐☐ **pluck** 동 (현을) 뜯다, 켜다

☐☐ **bow** 명 활

☐☐ **wind instrument** 명 관악기

☐☐ **blow** 동 불다

☐☐ **woodwind** 명 목관 악기

☐☐ **brass** 명 황동, 놋쇠, 금관 악기

☐☐ **herbivore** 명 초식 동물

☐☐ **deer** 명 사슴

☐☐ **adapt** 동 적응하다

☐☐ **grind** 동 갈다

☐☐ **tissue** 명 조직

☐☐ **carnivore** 명 육식 동물

☐☐ **shark** 명 상어

☐☐ **sharp** 형 날카로운

☐☐ **rip** 동 잡아 찢다

☐☐ **tear** 동 뜯다, 찢다

☐☐ **domestic** 형 (동물이) 길들여진

☐☐ **supply A with B** A에게 B를 공급하다

☐☐ **omnivore** 명 잡식 동물

☐☐ **matter** 명 물질, 성분

☐☐ **vegetarian** 명 채식주의자

- □□□ musical 형 음악의
- □□□ organ 명 오르간
- □□□ keyboard 명 건반, 건반 악기
- □□□ note 명 음, 음표
- □□□ at the same time 동시에
- □□□ finger 명 손가락
- □□□ harpsichord 명 하프시코드(건반 악기의 일종)
- □□□ old 형 오래된
- □□□ while 접 ~인 반면에
- □□□ electronic 형 전자의
- □□□ nowadays 부 요즘에는
- □□□ electricity 명 전기
- □□□ popular 형 인기 있는, 대중의
- □□□ pick 명 (기타의) 피크
- □□□ sometimes 부 때때로, 가끔

- □□□ safe 형 안전한
- □□□ shelter 명 주거지, 집
- □□□ various 형 다양한
- □□□ kind 명 종류
- □□□ part 명 (신체의) 부위, 기관
- □□□ protect 동 보호하다
- □□□ use 동 사용하다
- □□□ find 동 찾다, 발견하다
- □□□ necessary 형 필요한
- □□□ sense 동 감지하다
- □□□ danger 명 위험
- □□□ avoid 동 피하다
- □□□ breathe 동 숨을 쉬다
- □□□ while 접 ~인 반면에
- □□□ lung 명 폐, 허파

straight	형 직선의, 곧은
point	동 (특정 방향으로) 향하다
direction	명 방향
vertical	형 수직의
horizontal	형 수평의
lean	동 기울다
diagonal	형 대각의
zigzag	형 지그재그의
lively	형 활기찬
active	형 활동적인
compared to	~와 비교하여
bend	동 구부리다; 구부러지다
curved line	명 곡선
circle	명 원
spiral	명 나선

mammal	명 포유동물
give birth to	~을 낳다, 출산하다
young	명 새끼
hop	동 깡충 뛰다
feather	명 깃털
beak	명 부리
reptile	명 파충류
creep	동 기다
cold-blooded	형 냉혈의, 냉혹한
extinct	형 멸종한
amphibian	명 양서류
scale	명 비늘
fin	명 지느러미
gill	명 아가미
flight	명 비행

UNIT 18 Drawing with Lines

- □□□ **only** (부) 오직, 단지
- □□□ **drawing** (명) 그림
- □□□ **swan** (명) 백조
- □□□ **artist** (명) 화가
- □□□ **type** (명) 종류
- □□□ **use** (동) 사용하다
- □□□ **neck** (명) 목
- □□□ **curve** (동) 곱히다, 구부러지다
- □□□ **seem** (동) ~인 것 같다, ~처럼 보이다
- □□□ **graceful** (형) 우아한
- □□□ **look for** ~을 찾다
- □□□ **painting** (명) 그림
- □□□ **shell** (명) 조가비, 조개
- □□□ **stand out** 두드러지다, 눈에 띄다
- □□□ **inside** (전) ~의 안으로

UNIT 03 Flowers, Seeds, and Fruits

- □□□ **colorful** (형) (색이) 다채로운, 화려한
- □□□ **contain** (동) 담고 있다, 들어 있다
- □□□ **produce** (동) 만들어 내다, 생산하다
- □□□ **seed** (명) 씨
- □□□ **be ready to** ~할 준비가 되다
- □□□ **develop** (동) 발달하다, 성장하다
- □□□ **need** (동) 필요하다
- □□□ **warmth** (명) 따뜻함, 온기
- □□□ **carry** (동) 가지고[지니고] 다니다
- □□□ **inside** (전) ~ 안에
- □□□ **break** (동) 뿌어지다, 갈라지다
- □□□ **apart** (부) 산산이
- □□□ **ground** (명) 땅
- □□□ **natural** (형) 자연의, 천연의
- □□□ **sugar** (명) 설탕, 당분

☐	look at	~을 보다
☐	out of	~ 바깥에
☐	line	명 선, 줄
☐	special	형 특별한
☐	ordinal	형 서수의
☐	name	동 명명하다, 부르다
☐	order	명 순서, 차례
☐	practice	동 연습하다
☐	write	동 쓰다, 적다
☐	except for	~을 제외하고
☐	end	동 끝나다
☐	face	동 (방향이) 향하다
☐	different	형 다른
☐	way	명 방향
☐	answer	명 답

☐	leaf	명 잎 (복수형은 leaves)
☐	stem	명 줄기
☐	root	명 뿌리
☐	flat	형 편평한
☐	absorb	동 흡수하다
☐	provide	동 제공하다
☐	flower	명 꽃
☐	fruit	명 열매, 과일
☐	through	전 ~을 통해
☐	bury	동 묻다
☐	soil	명 흙, 토양
☐	a sort of	일종의
☐	store	동 저장하다
☐	fix	동 고정시키다
☐	ground	명 땅, 지면

20 Fractions

		English	품사	뜻
☐ ☐ ☐		fraction	명	분수
☐ ☐ ☐		part	명	부분, 일부
☐ ☐ ☐		divide	동	나누다
☐ ☐ ☐		equal	형	동일한, 동등한
☐ ☐ ☐		each	형	각, 각각의
☐ ☐ ☐		half	명	절반
☐ ☐ ☐		one third	명	3분의 1
☐ ☐ ☐		one fourth	명	4분의 1
☐ ☐ ☐		quarter	명	4분의 1
☐ ☐ ☐		size	명	크기
☐ ☐ ☐		same	형	같은, 동일한
☐ ☐ ☐		for example		예를 들면
☐ ☐ ☐		square	명	정사각형
☐ ☐ ☐		below	부	아래에
☐ ☐ ☐		circle	명	원

01 Living Things

		English	품사	뜻
☐ ☐ ☐		living things	명	생물, 생명체
☐ ☐ ☐		with the help of		~의 도움으로
☐ ☐ ☐		solar	형	태양의
☐ ☐ ☐		without	전	~이 없으면
☐ ☐ ☐		exist	동	존재하다
☐ ☐ ☐		survive	동	살아남다, 생존하다
☐ ☐ ☐		undergo	동	(변화 등을) 겪다
☐ ☐ ☐		metabolism	명	신진대사
☐ ☐ ☐		nutrient	명	영양소
☐ ☐ ☐		sunlight	명	햇빛
☐ ☐ ☐		space	명	공간
☐ ☐ ☐		survive	동	생존하다, 살아남다
☐ ☐ ☐		like	전	~와 비슷한
☐ ☐ ☐		mineral	명	무기물, 미네랄
☐ ☐ ☐		usually	부	보통, 대개

Word List 활용법

의미를 아는 단어에는 V 표시를 하세요.

표시되지 않은 단어들을 중심으로 학습한 후, 다시 한 번 V 표시를 하며 단어들을 숙지했는지 점검해 보세요.

* 본책과 분리하여 사용하세요. (점선을 따라 자른 후 반으로 접으면 책 형태의 단어장이 됩니다.)

영어 리딩의 최종 목적지, 논픽션 리딩에 강해지는

READING
미국교과서 리딩
LEVEL 4 ①

논픽션 독해력
미국 교과과정의 핵심 지식 습득과 독해력 향상

문제 해결력
지문 내용을 완전히 소화하도록 하는 수준별 독해 유형 연습

통합사고력
배경지식과 새로운 정보를 연결하여 내 것으로 만드는 연습

자기주도력
스스로 계획하고 성취도를 점검하는 자기주도 학습 습관 형성

READING
Word List

미국교과서 리딩
4.1

미국교과서 리딩 4.1

READING

Workbook & Answer Key

미국교과서 리딩
READING

LEVEL 4 ①

Workbook

길벗스쿨

Unit 01 Living Things

A Look, choose, and write.

1.

2.

3.

| minerals |
| animals |
| nutrients |
| plant |
| sunlight |
| grow |

4.

5.

6.

B Look, read, and circle.

1.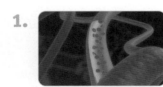

Exercise increases your
- ⓐ food
- ⓑ metabolism
.

2.

It is powered by energy.
- ⓐ solar
- ⓑ mineral

3.

The ship can 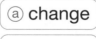 any storm.
- ⓐ change
- ⓑ survive

4.

He can cook his meals.
- ⓐ own
- ⓑ space

2

A Look, choose, and write.

1.

2.

3.

| soil |
| flower |
| stem |
| fruit |
| leaves |
| roots |

4.

5.

6.

B Look, read, and circle.

1.

The land is wide and
ⓐ light
ⓑ flat

2.

He
ⓐ fixed
ⓑ made
the picture on the wall.

3.

She
ⓐ stores
ⓑ moves
the food in a jar.

4.

Her body is
ⓐ buried
ⓑ stored
in sand.

Flowers, Seeds, and Fruits

A Look, choose, and write.

1.

2.

3.

flowers

develop

seed

fruits

ground

colorful

4.

5.

6.

B Look, read, and circle.

1.

It ⓐ contains / ⓑ grows five bottles of juice.

2.

The woman is ⓐ producing / ⓑ carrying a suitcase.

3.

Some rocks are easy to ⓐ break apart / ⓑ produce.

4.

It ⓐ began / ⓑ went to rain.

A   Look, choose, and write.

1.

2.

3.

4.

5.

6.

scale

beak

hop

mammal

insect

fin

B   Look, read, and circle.

1.

She gave a   ⓐ birth   to a boy.
　　　　　　　ⓑ water

2.

Fish breathe using   ⓐ fins .
　　　　　　　　　　ⓑ gills

3.

Frogs are a type of   ⓐ amphibian .
　　　　　　　　　　ⓑ mammal

4.

A mother bird is feeding her   ⓐ feathers .
　　　　　　　　　　　　　　ⓑ young

What Animals Need to Live

A   Look, choose, and write.

1.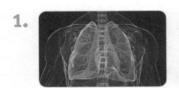

   _____

2.

   _____

3.

   _____

protect

avoid

lungs

gill

shelter

wings

4.

   _____

5.

   _____

6.

   _____

B   Look, read, and circle.

1.   Meerkats are good at   ⓐ sensing / ⓑ breathing   danger.

2.   The man needs   ⓐ shelter / ⓑ gills .

3.   She is   ⓐ protecting / ⓑ avoiding   his eyes.

4.   He couldn't   ⓐ breathe / ⓑ use .

6

Unit 06 — What Animals Eat

A Look, choose, and write.

1.

2.

3.

4.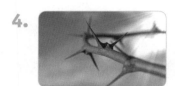

5.

6.

deer
vegetarian
sharp
horse
tear
shark

B Look, read, and circle.

1.
Elephants are   ⓐ carnivores   ⓑ herbivores .

2.
Sharks are   ⓐ carnivores   ⓑ herbivores .

3.
Humans are   ⓐ omnivores   ⓑ herbivores .

4.
She has no   ⓐ energy   ⓑ plants   to move.

Families and Changes

A Look, choose, and write.

1.
   _____

2.
   _____

3.
   _____

4.
   _____

5.
   _____

6.
   _____

dirt

far away

communicate

write

wash

get in touch

B Look, read, and circle.

1.
   A pile of clothes is in the
   ⓐ vending
   ⓑ washing
   machine.

2.
   She is writing
   ⓐ emails
   ⓑ changes
   on her computer.

3.
   There are various
   ⓐ social
   ⓑ solar
   networking services.

4.
   He often uses
   ⓐ tablet
   ⓑ table
   PCs at work.

Unit 08 | Changing Communities

A Look, choose, and write.

1.

2.

3.

_____

4.

5.

6.

_____

| pull |
| transportation |
| rink |
| swim |
| pool |
| pond |

B Look, read, and circle.

1.

They are ice-skating on a 　ⓐ road　 .
　　　　　　　　　　　　　　　ⓑ lake

2.

I've been on a horse-drawn 　ⓐ carriage　 .
　　　　　　　　　　　　　　　ⓑ car

3.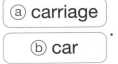

Let's take the 　ⓐ bus　 .
　　　　　　　　ⓑ subway

4.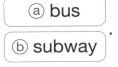

The pool is 　ⓐ heated　 in winter.
　　　　　　　ⓑ moving

Many Jobs

A Look, choose, and write.

1.

2.

3.

4.

5.

6.

outdoors

take care of

firefighter

travel

leave

store

B Look, read, and circle.

1.

   Some people work in an   ⓐ office / ⓑ ocean .

2. My dad is working from   ⓐ outside / ⓑ home .

3. The man is working   ⓐ outdoors / ⓑ indoors .

4. She works hard to   ⓐ earn / ⓑ help   money.

Producers and Consumers

A Look, choose, and write.

1.  _____

2.  _____

3.  _____

4.  _____

5.  _____

6.  _____

> market
> farmer
> make
> sell
> grow
> consumer

B Look, read, and circle.

1.  The man is [ⓐ selling / ⓑ eating] groceries.

2.  The woman wants to [ⓐ buy / ⓑ grow] some clothes.

3.  We are all [ⓐ farmers / ⓑ consumers] of something.

4.  I am looking for some cheap [ⓐ goods / ⓑ producers].

A Look, choose, and write.

1.

2.

3.

| cave |
| grassland |
| hunt |
| feed |
| village |
| build |

_____

4.

5.

6.

_____

B Look, read, and circle.

1.

They
ⓐ gathered
ⓑ hunted
and read the news together.

2.

He is planting
ⓐ caves
ⓑ crops
.

3.

The Nile is the longest
ⓐ river
ⓑ boat
in the world.

4.

He became the
ⓐ village
ⓑ king
of the country.

The Nile

A Look, choose, and write.

1.

2.

3.

overflow

plant

soil

wet

bank

flood

4.

5.

6.

B Look, read, and circle.

1.

The road is
ⓐ planted
ⓑ flooded
.

2.

Her eyes were
ⓐ moist
ⓑ dry
.

3.

They crossed the
ⓐ desert
ⓑ river
.

4.

They all
ⓐ built
ⓑ depended
on him.

Sayings and Phrases 1

A Look, choose, and write.

1.

_____

2.

_____

3.

_____

4.

_____

5.

_____

6.

_____

mistake

proud

jump rope

practice

learn

in a row

B Look, read, and circle.

1.

I made a 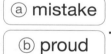 ⓐ mistake ⓑ proud .

2.

Your speech was ⓐ perfect ⓑ messed .

3.

She is taking driving 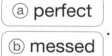 ⓐ ways ⓑ lessons .

4.

He ⓐ messed ⓑ cleaned 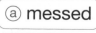 up my room.

14

Sayings and Phrases 2

A **Look, choose, and write.**

1.

_____

2.

_____

3.

_____

shop

bike

wait

trade

worm

leap

4.

_____

5.

_____

6.

_____

B **Look, read, and circle.**

1.

It ⓐ rushed / ⓑ cost more than I expected.

2.

There is no need to 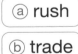 ⓐ rush / ⓑ trade .

3.

Be ⓐ ahead / ⓑ careful 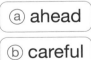 when you cross the street.

4.

The road ⓐ early / ⓑ ahead 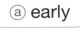 is blocked.

Unit 15 — Musical Instruments

A Look, choose, and write.

 1. _____

 2. _____

 3. _____

 4. _____

 5. _____

 6. _____

percussion
pluck
wind
brass
string
bow

B Look, read, and circle.

 1. He loves to play a musical
ⓐ instrument
ⓑ crash

 2. Cymbals make loud
ⓐ plucking
ⓑ crash
sounds.

 3. He can
ⓐ strum
ⓑ blow
a balloon.

 4. They are made of
ⓐ brass
ⓑ wood
.

16

Keyboards and Electronic Instruments

A Look, choose, and write.

1.

2.

3.

4.

5.

6.

keyboard
electricity
popular
organ
new
notes

B Look, read, and circle.

1.  Pianos are played with 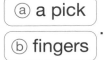 ⓐ a pick ⓑ fingers .

2.  He is playing the ⓐ electric ⓑ classic guitar.

3.  The singer is ⓐ popular ⓑ old among teens.

4.  He enjoys playing the ⓐ electronic ⓑ stringed keyboard.

A **Look, choose, and write.**

1.

2.

3.

4.

5.

6.

circle
direction
horizontal
straight
zigzag
bend

_____ _____ _____

_____ _____ _____

B **Look, read, and circle.**

1.

A snail's shell is
ⓐ vertical
ⓑ spiral
.

2.

This is a
ⓐ curved
ⓑ zigzag
road.

3.

How did you
ⓐ bend
ⓑ circle
this pipe?

4.

The cliff is almost
ⓐ vertical
ⓑ horizontal
.

Drawing with Lines

A Look, choose, and write.

1.

2.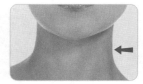

3.

4.

5.

6.

| drawing |
| swan |
| curve |
| stand out |
| neck |
| shell |

B Look, read, and circle.

1.

I have never seen this ⓐ artist / ⓑ painting before.

2.

She is a Korean ⓐ drawing / ⓑ artist.

3.

The artist made a ⓐ drawing / ⓑ lines of his house.

4.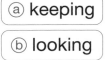

What is he ⓐ keeping / ⓑ looking for?

Ordinal Numbers

A Look, choose, and write.

1.

2.

3.

| out of |
| special |
| numbers |
| order |
| different |
| face |

4.

5.

6.

B Look, read, and circle.

1.

They are 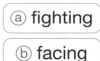 ⓐ fighting / ⓑ facing each other.

2.

The binders are ⓐ in / ⓑ out of order.

3.

He exercises every day, ⓐ not / ⓑ except for Sundays.

4.

The ⓐ first / ⓑ second boy is taller than the others.

A Look, choose, and write.

1.

2.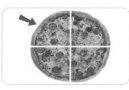

3.

4.

5.

6.

square

fraction

quarter

half

equal

circle

B Look, read, and circle.

1.

It is equally
- ⓐ divided
- ⓑ broken

into four parts.

2.

I ate only one
- ⓐ third
- ⓑ fourth

of it.

3.

They are not
- ⓐ equal
- ⓑ squares

in size.

4.

I bought
- ⓐ half
- ⓑ quarter

a watermelon.

Unit 01

A 그림에 알맞은 단어를 골라 쓰세요.

1. nutrients **2.** grow **3.** animals
4. plant **5.** minerals **6.** sunlight

B 그림을 보고 알맞은 단어에 동그라미 하세요.

1. 운동은 신진대사를 증가시킵니다. [ⓑ]
2. 그것은 태양 에너지에 의해 작동됩니다. [ⓐ]
3. 그 배는 어떤 폭풍우에도 살아남을 수 있습니다. [ⓑ]
4. 그는 자기 자신의 식사를 요리할 수 있습니다. [ⓐ]

Unit 02

A 그림에 알맞은 단어를 골라 쓰세요.

1. fruit **2.** soil **3.** roots
4. leaves **5.** stem **6.** flower

B 그림을 보고 알맞은 단어에 동그라미 하세요.

1. 그 땅은 넓고 편평합니다. [ⓑ]
2. 그는 그 사진을 벽에 고정시켰습니다. [ⓐ]
3. 그녀는 음식을 단지에 저장합니다. [ⓐ]
4. 그녀의 몸은 모래 속에 파묻혀 있습니다. [ⓐ]

Unit 03

A 그림에 알맞은 단어를 골라 쓰세요.

1. colorful **2.** fruits **3.** ground
4. seed **5.** flowers **6.** develop

B 그림을 보고 알맞은 단어에 동그라미 하세요.

1. 그것은 주스 다섯 병을 담고 있습니다. [ⓐ]
2. 그 여자는 여행 가방을 가지고 다닙니다. [ⓑ]
3. 어떤 돌들은 쉽게 부서집니다. [ⓐ]
4. 비가 오기 시작했습니다. [ⓐ]

Unit 04

A 그림에 알맞은 단어를 골라 쓰세요.

1. beak **2.** scale **3.** hop
4. fin **5.** insect **6.** mammal

B 그림을 보고 알맞은 단어에 동그라미 하세요.

1. 그녀는 남자 아이를 낳았습니다. [ⓐ]
2. 물고기는 아가미를 사용하여 숨을 쉽니다. [ⓑ]
3. 개구리는 양서류의 한 종류입니다 [ⓐ]
4. 어미 새가 새끼에게 먹이를 주고 있습니다. [ⓑ]

Unit 05

A 그림에 알맞은 단어를 골라 쓰세요.

1. lungs **2.** avoid **3.** gill
4. wings **5.** protect **6.** shelter

B 그림을 보고 알맞은 단어에 동그라미 하세요.

1. 미어캣은 위험을 감지하는데 능숙합니다. [ⓐ]
2. 그 남자는 집이 필요합니다. [ⓐ]
3. 그녀는 그의 눈을 피하고 있습니다. [ⓑ]
4. 그는 숨을 쉴 수 없었습니다. [ⓐ]

Unit 06

A 그림에 알맞은 단어를 골라 쓰세요.

1. tear **2.** deer **3.** shark
4. sharp **5.** vegetarian **6.** horse

B 그림을 보고 알맞은 단어에 동그라미 하세요.

1. 코끼리는 초식 동물입니다. [ⓑ]
2. 상어는 육식 동물입니다. [ⓐ]
3. 인간은 잡식 동물입니다. [ⓐ]
4. 그녀는 움직일 기운이 없습니다. [ⓐ]

Unit 07

A 그림에 알맞은 단어를 골라 쓰세요.

1. communicate **2.** dirt **3.** write
4. wash **5.** far away **6.** get in touch

B 그림을 보고 알맞은 단어에 동그라미 하세요.

1. 옷 더미가 세탁기 안에 있습니다. [ⓑ]
2. 그녀는 컴퓨터에서 이메일을 쓰고 있습니다. [ⓐ]
3. 다양한 소셜 네트워크 서비스가 있습니다. [ⓐ]

4. 그는 직장에서 종종 태블릿 컴퓨터를 사용합니다. [ⓐ]

Unit 08

Ⓐ 그림에 알맞은 단어를 골라 쓰세요.

1. pool **2.** rink **3.** pond
4. pull **5.** swim **6.** transportation

Ⓑ 그림을 보고 알맞은 단어에 동그라미 하세요.

1. 그들은 호수에서 스케이트를 타고 있습니다. [ⓑ]
2. 나는 마차를 타 본 적이 있습니다. [ⓐ]
3. 지하철을 탑시다. [ⓑ]
4. 수영장은 겨울에 데워집니다. [ⓐ]

Unit 09

Ⓐ 그림에 알맞은 단어를 골라 쓰세요.

1. firefighter **2.** store **3.** outdoors
4. travel **5.** take care of **6.** leave

Ⓑ 그림을 보고 알맞은 단어에 동그라미 하세요.

1. 어떤 사람들은 사무실에서 일합니다. [ⓐ]
2. 저의 아버지는 재택근무를 합니다. [ⓑ]
3. 그 남자는 밖에서 일하고 있습니다. [ⓐ]
4. 그녀는 돈을 벌기 위해 열심히 일합니다. [ⓐ]

Unit 10

Ⓐ 그림에 알맞은 단어를 골라 쓰세요.

1. farmer **2.** grow **3.** market
4. make **5.** consumer **6.** sell

Ⓑ 그림을 보고 알맞은 단어에 동그라미 하세요.

1. 그 남자는 식료품을 팔고 있습니다. [ⓐ]
2. 그 여자는 옷을 좀 사고 싶어 합니다. [ⓐ]
3. 우리는 모두 무엇인가의 소비자입니다. [ⓑ]
4. 저는 싼 상품을 좀 찾고 있습니다. [ⓐ]

Unit 11

Ⓐ 그림에 알맞은 단어를 골라 쓰세요.

1. hunt **2.** grassland **3.** feed
4. cave **5.** build **6.** village

Ⓑ 그림을 보고 알맞은 단어에 동그라미 하세요.

1. 그들은 모여서 함께 그 뉴스를 읽었습니다. [ⓐ]
2. 그는 작물을 심고 있습니다. [ⓑ]
3. 나일강은 세계에서 가장 긴 강입니다. [ⓐ]
4. 그는 그 나라의 왕이 되었습니다. [ⓑ]

Unit 12

Ⓐ 그림에 알맞은 단어를 골라 쓰세요.

1. flood **2.** soil **3.** bank
4. overflow **5.** plant **6.** wet

Ⓑ 그림을 보고 알맞은 단어에 동그라미 하세요.

1. 그 도로가 물에 잠겼습니다. [ⓑ]
2. 그녀의 눈이 촉촉합니다. [ⓐ]
3. 그들은 사막을 건넜습니다. [ⓐ]
4. 그들은 모두 그에게 의존했습니다. [ⓑ]

Unit 13

Ⓐ 그림에 알맞은 단어를 골라 쓰세요.

1. practice **2.** jump rope **3.** mistake
4. in a row **5.** learn **6.** proud

Ⓑ 그림을 보고 알맞은 단어에 동그라미 하세요.

1. 제가 실수를 했습니다. [ⓐ]
2. 당신의 연설은 완벽했습니다. [ⓐ]
3. 그녀는 운전 교습을 받고 있습니다. [ⓑ]
4. 그가 제 방을 엉망으로 만들었습니다. [ⓐ]

Unit 14

Ⓐ 그림에 알맞은 단어를 골라 쓰세요.

1. leap **2.** trade **3.** worm
4. bike **5.** wait **6.** shop

Ⓑ 그림을 보고 알맞은 단어에 동그라미 하세요.

1. 제가 예상했던 것보다 비용이 더 들었습니다. [ⓑ]

2. 서두를 필요가 없습니다. [ⓐ]

3. 길을 건널 때는 조심하세요. [ⓑ]

4. 전방의 도로는 막혔습니다. [ⓑ]

Unit 15

Ⓐ 그림에 알맞은 단어를 골라 쓰세요.

1. brass **2.** pluck **3.** string

4. percussion **5.** bow **6.** wind

Ⓑ 그림을 보고 알맞은 단어에 동그라미 하세요.

1. 그는 악기를 연주하는 것을 매우 좋아합니다. [ⓐ]

2. 심벌즈는 큰 충돌음을 냅니다. [ⓑ]

3. 그는 풍선을 불 수 있습니다. [ⓑ]

4. 그것들은 나무로 만들어졌습니다. [ⓑ]

Unit 16

Ⓐ 그림에 알맞은 단어를 골라 쓰세요.

1. notes **2.** popular **3.** keyboard

4. electricity **5.** organ **6.** new

Ⓑ 그림을 보고 알맞은 단어에 동그라미 하세요.

1. 피아노는 손가락으로 연주합니다. [ⓑ]

2. 그는 전자 기타를 연주하고 있습니다. [ⓐ]

3. 그 가수는 십대 사이에서 유명합니다. [ⓐ]

4. 그는 전자식 건반 악기 연주를 즐깁니다. [ⓐ]

Unit 17

Ⓐ 그림에 알맞은 단어를 골라 쓰세요.

1. straight **2.** bend **3.** direction

4. circle **5.** zigzag **6.** horizontal

Ⓑ 그림을 보고 알맞은 단어에 동그라미 하세요.

1. 달팽이의 껍질은 나선형입니다. [ⓑ]

2. 이것은 굽은 도로입니다. [ⓐ]

3. 어떻게 이 파이프를 구부렸습니까? [ⓐ]

4. 그 절벽은 거의 수직입니다. [ⓐ]

Unit 18

Ⓐ 그림에 알맞은 단어를 골라 쓰세요.

1. swan **2.** neck **3.** shell

4. curve **5.** drawing **6.** stand out

Ⓑ 그림을 보고 알맞은 단어에 동그라미 하세요.

1. 저는 이 그림을 전에 본 적이 없습니다. [ⓑ]

2. 그녀는 한국 화가입니다. [ⓑ]

3. 그 화가는 그의 집을 그렸습니다. [ⓐ]

4. 그는 무엇을 찾고 있습니까? [ⓑ]

Unit 19

Ⓐ 그림에 알맞은 단어를 골라 쓰세요.

1. order **2.** out of **3.** special

4. face **5.** numbers **6.** different

Ⓑ 그림을 보고 알맞은 단어에 동그라미 하세요.

1. 그들은 서로를 마주보고 있습니다. [ⓑ]

2. 바인더들은 순서대로 되어 있습니다. [ⓐ]

3. 그는 일요일을 제외하고 매일 운동합니다. [ⓑ]

4. 첫 번째 소년이 나머지들보다 더 키가 큽니다. [ⓐ]

Unit 20

Ⓐ 그림에 알맞은 단어를 골라 쓰세요.

1. fraction **2.** quarter **3.** square

4. half **5.** equal **6.** circle

Ⓑ 그림을 보고 알맞은 단어에 동그라미 하세요.

1. 그것은 똑같이 네 부분으로 나뉘어졌습니다. [ⓐ]

2. 저는 그것의 3분의 1만 먹었습니다. [ⓐ]

3. 그것들은 크기가 같지 않습니다. [ⓐ]

4. 저는 수박 반쪽을 샀습니다. [ⓐ]

READING

미국교과서 리딩

LEVEL 4 ①

Answer Key

길벗스쿨

p.14

| 본문 해석 | **생물**

식물과 동물은 생물입니다. 생물은 태양 에너지의 도움으로 성장하고 변화합니다. 태양으로부터의 에너지가 없다면, 어떠한 생명도 존재하지 않을 것입니다. 생물은 생존하기 위해 먹이, 물, 그리고 공기가 필요합니다. 생물은 신진대사를 합니다.

식물이 성장하기 위해서는 공기, 물, 영양소, 빛, 그리고 공간이 필요합니다. 식물은 생존하기 위해 필요한 것을 구할 수 있는 곳에서 성장하고, 자신과 닮은 새로운 식물을 만들어 냅니다. 식물은 햇빛, 이산화탄소, 무기물, 그리고 물을 사용해 스스로 양분을 만들어 냅니다.

반면에, 동물은 보통 살기 위한 에너지를 얻기 위해 다른 생물(동물과 식물)을 먹습니다. 동물은 스스로 먹이를 만들어 낼 수 없습니다.

| 정답 |

Comprehension Checkup   Ⓐ **1.** c **2.** a **3.** c **4.** b   Ⓑ **1.** T **2.** F

Vocabulary Focus   Ⓐ **1.** b **2.** c **3.** d **4.** a

Ⓑ **1.** solar **2.** exist **3.** metabolism **4.** nutrients

Grammar Focus   **1.** Animals do not[don't] make their own food by themselves.

2. She does not[doesn't] eat vegetables.

Summary   Solar / survive / own / other / themselves

| 삽화 말풍선 문장 | p.14

① 모든 생물은 성장하고 변화해.

② 태양은 생물이 존재하도록 도와줘.

| **Vocabulary** | p.15

• solar 형 태양의

• exist 동 존재하다

• undergo 동 (변화 등을) 겪다

• metabolism 명 신진대사

• nutrient 명 영양소

• survive 동 생존하다, 살아남다

• mineral 명 무기물, 미네랄

| **Reading Focus** | p.15

• 생물은 생존하기 위해 무엇이 필요한가요?

• 식물은 스스로 양분을 어떻게 만드나요?

| 본문 그림 자료 | p.16

• Photosynthesis of plants 식물의 광합성

• solar energy 태양 에너지

• leaf 잎   • stem 줄기   • glucose 포도당

• carbon dioxide absorption 이산화탄소 흡수

• release of oxygen 산소 배출

• absorption of water and mineral salts
물과 무기염의 흡수

| 문제 정답 및 해석 | p.17

Comprehension Checkup

Ⓐ 가장 알맞은 답을 고르세요.

1. 본문은 주로 무엇에 관한 글입니까?   [c]

a. 생물이 물을 필요로 하는 이유

b. 생물이 성장할 수 있는 장소

c. 생물이 에너지를 얻는 방법

2. 태양으로부터의 에너지가 없다면, 무슨 일이 생기겠습니까?

a. 생물은 생존하지 못할 것입니다.   [a]

b. 생물은 신진대사를 할 것입니다.

c. 생물은 스스로 먹이를 만들어 낼 것입니다.

3. 식물은 양분을 만들기 위해 무엇을 필요로 합니까?　　　[c]

   a. 다른 식물들

   b. 산소와 열

   c. 햇빛과 물

4. 살기 위한 에너지를 얻기 위해 동물은 보통 무엇을 합니까? [b]

   a. 햇빛, 무기물, 그리고 물을 사용합니다.

   b. 보통 다른 생물을 먹습니다.

   c. 스스로 먹이를 만들어 냅니다.

B 맞는 문장은 T를, 맞지 않는 문장은 F를 고르세요.

1. 태양은 생물이 성장하고 변화하도록 돕습니다.　　　[T]

2. 동물은 먹이를 만들기 위해 햇빛, 무기물, 그리고 물을 사용합니다.　　　[F]

Vocabulary Focus

A 다음 단어를 알맞은 뜻과 연결하세요.

1. 신진대사 ---- **b.** 몸속에서 음식을 에너지로 전환하는 과정

2. 영양소 ---- **c.** 생물이 살고 성장하는 것을 돕는 물질

3. 생존하다 ---- **d.** 계속해서 살다

4. 무기물, 미네랄 ---- **a.** 철분이나 염분과 같은 자연적인 물질

B 다음 빈칸에 알맞은 단어를 고르세요.

영양소 / 존재하다 / 태양의 / 신진대사

1. 생물은 태양 에너지의 도움으로 성장하고 변화합니다.　[solar]

2. 태양으로부터 오는 에너지가 없다면, 어떤 생명도 존재하지 않을 것입니다.　　　[exist]

3. 생물은 신진대사를 합니다.　　　[metabolism]

4. 식물은 성장하기 위해 공기, 물, 영양소, 햇빛, 그리고 공간이 필요합니다.　　　[nutrients]

Grammar Focus

일반동사 현재 시제의 부정문

주어 + do/does not + 동사원형: ∼하지 않는다

현재 시제에서 일반동사가 쓰인 문장을 부정문으로 만들 때는 동사원형 앞에 do not이나 does not을 사용합니다. 주어가 3인칭 단수일 때는 does not[doesn't]을 쓰고 나머지는 do not[don't]을 동사 앞에 씁니다.

보기와 같이 문장을 바꿔 쓰세요.

1. [Animals do not[don't] make their own food by themselves.]
동물은 스스로 먹이를 만들지 않습니다.

2. [She does not[doesn't] eat vegetables.]
그녀는 채소를 먹지 않습니다.

Summary

본문을 요약하기 위해 빈칸에 알맞은 단어를 골라 채우세요.

생존하다 / 그들 자신 / 태양의 / 다른 / 자신의

Solar energy helps living things grow and change. They also need food, water, and air to survive. They all undergo metabolism. Plants make their own food. Unlike plants, animals eat other living things because they cannot make their food by themselves.

태양 에너지는 생물이 성장하고 변화하도록 돕습니다. 또한 생물은 생존하기 위해서 먹이, 물, 그리고 공기가 필요합니다. 생물은 신진대사를 합니다. 식물은 자신의 양분을 만듭니다. 식물과는 달리, 동물은 스스로 자신의 먹이를 만들지 못하기 때문에 다른 생물을 먹습니다.

p.20

| 본문 해석 | **잎, 줄기, 그리고 뿌리**

대부분의 식물은 잎, 줄기, 그리고 뿌리를 가지고 있습니다.

잎은 대개 편평해서 빛을 흡수합니다. 잎은 햇빛과 공기로 양분을 만듭니다.

줄기는 잎이 계속 빛 속에 있게 합니다. 줄기는 또한 식물이 꽃과 열매를 있게 하는 장소를 제공합니다. 양분과 물은 줄기를 통해 식물의 다른 부분으로 이동합니다.

뿌리는 보통 흙 속에 묻혀 있습니다. 그러나 뿌리가 항상 흙 속에 있는 것은 아닙니다. 뿌리는 잎이 없습니다. 뿌리는 토양으로부터 물과 일종의 양분인 영양분을 얻습니다. 뿌리는 종종 이 양분을 저장합니다. 뿌리는 또한 식물을 땅에 고정시킵니다.

| 정답 |

Comprehension Checkup	**A** 1. c 2. c 3. b 4. c **B** 1. F 2. T
Vocabulary Focus	**A** 1. b 2. a 3. d 4. c
	B 1. absorb 2. sunlight 3. keep 4. fix
Grammar Focus	1. have 2. make 3. keep
Summary	leaves / make / move / soil / fixing

| 삽화 말풍선 문장 | p.20

① 대부분의 식물은 잎, 줄기, 뿌리를 가지고 있어.

② 잎은 대개 빛을 흡수하기 위해 편평해.

| **Vocabulary** | p.21

• leaf 명 잎 (leaf – leaves)

• stem 명 줄기

• flat 형 편평한

• absorb 동 흡수하다

• provide 동 제공하다

• flower 명 꽃

• fruit 명 열매, 과일

• bury 동 묻다 (bury – buried – buried)

• fix 동 고정시키다

| **Reading Focus** | p.21

• 잎은 양분을 만들기 위해 무엇이 필요한가요?

• 무엇이 식물을 땅에 고정시키나요?

| 본문 그림 자료 | p.22

• Parts of plants 식물의 각 부분　　• leaf 잎

• bud 싹　　• stem 줄기

• root 뿌리

| 문제 정답 및 해석 | p.23

Comprehension Checkup

A 가장 알맞은 답을 고르세요.

1. 본문은 주로 무엇에 관한 글입니까?　　　　　[c]

　　a. 잎의 역할

　　b. 식물의 종류

　　c. 식물의 특징

2. 무엇이 식물의 다른 부분으로 영양분과 물이 이동하도록 돕습니까?　　　　　[c]

　　a. 잎　　　　**b.** 뿌리　　　　**c.** 줄기

3. 뿌리에 관해 어느 것이 사실이 아닙니까?　　　　　　[b]

   a. 흙에서 물을 얻습니다.

   b. 양분을 만들기 위해 햇빛을 필요로 합니다.

   c. 종종 그것들 안에 영양분을 가지고 있습니다.

4. 본문에서 무엇을 추론할 수 있습니까?　　　　　　[c]

   a. 잎이 가장 많은 에너지를 소비합니다.

   b. 줄기가 가장 중요한 부분입니다.

   c. 어떤 뿌리는 땅 위로 자라기도 합니다.

B 맞는 문장은 T를, 맞지 않는 문장은 F를 고르세요.

1. 잎은 대개 편평해서 물을 흡수합니다.　　　　　　[F]

2. 줄기는 잎들이 계속 빛 속에 있도록 돕습니다.　　　[T]

Vocabulary Focus

A 다음 단어를 알맞은 뜻과 연결하세요.

1. 편평한 ---- **b.** 매끄럽고 고른

2. 열매 ---- **a.** 씨를 포함하고 있는 식물의 부분

3. 꽃 ---- **d.** 식물의 예쁜 색깔 부분

4. 묻다 ---- **c.** 어떤 것을 땅 속에 넣다

B 다음 빈칸에 알맞은 단어를 고르세요.

> 햇빛 / 흡수하다 / 고정시키다 / 있게 하다

1. 잎은 대개 편평해서 빛을 <u>흡수합니다.</u>　　　　[absorb]

2. 잎은 <u>햇빛</u>과 공기로 양분을 만듭니다.　　　　[sunlight]

3. 줄기는 식물이 꽃과 열매를 <u>있게 하는</u> 장소를 제공합니다.

　　　　　　　　　　　　　　　　　　　　　[keep]

4. 뿌리는 식물을 땅에 <u>고정시킵니다.</u>　　　　　　[fix]

Grammar Focus

> 습관, 진리 등을 나타내는 현재 시제의 쓰임

과거에도 사실이었고 현재도 그게 사실이고 미래에도 계속 사실이

되는 일, 즉 습관이나 직업, 버릇, 진리 등을 나타낼 때도 현재 시제를 사용합니다.

알맞은 단어를 고르세요.

1. 대부분의 식물은 잎, 줄기, 그리고 뿌리를 가지고 있습니다.

　　　　　　　　　　　　　　　　　　　　　[have]

2. 잎은 햇빛과 공기로 양분을 만듭니다.　　　　　[make]

3. 줄기는 잎이 계속 빛 속에 있게 합니다.　　　　[keep]

Summary

본문을 요약하기 위해 빈칸에 알맞은 단어를 골라 채우세요.

> 만들다 / 잎 / 고정시키는 / 이동하다 / 흙

Flat leaves allow plants to absorb light. Leaves make food with sunlight and air. Food and water move through stems to other parts of plants. Roots take water and nutrients from the soil while fixing the plants to the ground.

편평한 잎은 식물이 빛을 흡수하도록 합니다. 잎은 햇빛과 공기로 양분을 만듭니다. 양분과 물이 줄기를 통해 식물의 다른 부분으로 이동합니다. 뿌리는 식물을 땅에 고정시키면서, 물과 영양분을 토양으로부터 얻습니다.

Flowers, Seeds, and Fruits

p.26

| 본문 해석 | 꽃, 씨, 그리고 열매

꽃은 식물의 부분입니다. 많은 식물에서 꽃이 가장 화려한 부분입니다. 꽃에는 씨를 만들어 내는 부분이 있습니다.

씨는 새로운 식물로 성장할 수 있는 식물의 부분입니다. 씨가 싹을 틔울 준비가 되면, 물, 공기, 그리고 온기가 필요합니다. 씨는 새로운 식물이 성장하기 시작하는 것을 돕는 양분을 갖고 있습니다. 씨는 보통 열매 안에 있습니다.

열매는 씨가 들어 있는 식물의 부분입니다. 열매가 갈라지면, 씨가 땅속으로 들어가 자라나기 시작합니다. 우리가 먹는 대부분의 열매는 많은 수분과 천연 당분을 함유하고 있습니다.

| 정답 |

Comprehension Checkup	A 1.a 2.a 3.b 4.c B 1.T 2.F
Vocabulary Focus	A 1.c 2.a 3.d 4.b
	B 1.produces 2.grow 3.carry 4.natural
Grammar Focus	1.its 2.its 3.its
Summary	part / plant / contains / breaks / ground

| 삽화 말풍선 문장 | p.26

① 열매 속에는 씨가 있어.

② 씨가 새로운 식물로 자라기 위해서는 물, 공기, 그리고 태양이 필요해.

| Vocabulary | p.27

• colorful 형 (색이) 다채로운, 화려한
• contain 동 담고 있다, 들어 있다
• produce 동 만들어 내다, 생산하다
• seed 명 씨
• carry 동 가지고 다니다, 지니고 다니다
• ground 명 땅
• natural 형 자연의, 천연의

| Reading Focus | p.27

• 씨가 싹을 틔울 준비가 되면 무엇이 필요한가요?
• 우리가 먹는 대부분의 열매에는 무엇이 포함되어 있나요?

| 본문 그림 자료 | p.28

• The different parts of a plant
  식물의 다양한 부분

| 문제 정답 및 해석 | p.29

Comprehension Checkup

A 가장 알맞은 답을 고르세요.

1. 본문은 주로 무엇에 관한 글입니까?　　　　　　[a]
  a. 식물의 몇몇 부분
  b. 열매 속에 있는 특별한 씨앗
  c. 식물을 키우는 것의 이득

2. 꽃에 관해 어느 것이 사실입니까?　　　　　　[a]
  a. 보통 색이 화려합니다.
  b. 햇빛을 이용하여 양분을 만듭니다.
  c. 수분과 당분을 함유하고 있습니다.

3. 무엇이 새로운 식물로 성장합니까?　　　　　　[b]
  a. 꽃
  b. 씨
  c. 열매

4. 본문에서 무엇을 추론할 수 있습니까?　　　　　　[c]
  a. 씨는 열매로 자랍니다.

b. 꽃은 물을 모읍니다.

c. 대부분의 과일은 달콤합니다.

B 맞는 문장은 T를, 맞지 않는 문장은 F를 고르세요.

1. 씨는 성장하기 위해 물, 공기, 그리고 온기가 필요합니다.   [T]

2. 씨는 언제든지 땅속으로 들어갈 수 있습니다.   [F]

Vocabulary Focus

A 다음 단어를 알맞은 뜻과 연결하세요.

1. 씨 ---- **c.** 식물로 자라는 작은 물체

2. 땅 ---- **a.** 지구의 표면

3. 들어 있다, 포함하다 ---- **d.** 어떤 것을 안에 가지고 있다

4. (색이) 다채로운 ---- **b.** 밝은 색을 가지고 있는

B 다음 빈칸에 알맞은 단어를 고르세요.

자라다 / 가지고 있다 / 만들어 내다 / 천연의

1. 꽃은 씨를 <u>만들어 내는</u> 부분을 포함하고 있습니다.
[produces]

2. 씨는 새로운 식물로 <u>자랄</u> 수 있는 식물의 부분입니다. [grow]

3. 씨는 새로운 식물이 성장하기 시작하는 것을 돕는 양분을 <u>가지고 있습니다.</u>
[carry]

4. 대부분의 열매는 많은 수분과 <u>천연</u> 당분을 함유하고 있습니다.
[natural]

Grammar Focus

인칭 대명사의 소유격

누구의 것인지 나타낼 때는 소유격을 사용합니다. 소유격은 '~의'라는 의미로 쓰이며, 명사 바로 앞에서 명사를 꾸며 줍니다.

주격	소유격
I	my
we	our
you	your
he	his

she	her
they	their
it	its

it의 소유격은 its인데, 이것을 it is의 줄임말인 it's와 혼동하지 않도록 주의해야 합니다.

알맞은 단어를 고르세요.

1. 많은 식물들의 경우 꽃이 가장 화려한 부분입니다.   [its]

2. 열매는 씨가 들어 있는 식물의 부분입니다.   [its]

3. 줄기는 식물이 꽃과 열매를 있게 하는 장소를 제공합니다.
[its]

Summary

본문을 요약하기 위해 빈칸에 알맞은 단어를 골라 채우세요.

들어 있다 / 깨지다 / 부분 / 땅 / 식물

A flower has the part that produces seeds. A seed grows into a new plant. It carries the food that helps a new plant grow. A fruit contains its seeds. When the fruit breaks apart, the seeds go into the ground, and then they begin to grow.

꽃은 씨를 만들어 내는 <u>부분</u>이 있습니다. 씨는 새로운 식물로 성장합니다. 씨는 새로운 <u>식물</u>이 성장하도록 돕는 양분을 갖고 있습니다. 열매에는 씨가 <u>들어 있습니다.</u> 열매가 <u>갈라지면</u> 씨가 <u>땅속으로</u> 들어가고 그 다음 씨가 성장하기 시작합니다.

All Kinds of Animals

| 본문 해석 | **모든 종류의 동물**

포유동물은 살아 있는 새끼를 낳습니다. 포유동물은 새끼에게 젖을 먹입니다. 포유동물은 깡충 뛰거나, 걷거나, 헤엄을 치거나, 날 수 있습니다.

새는 알을 낳습니다. 새의 몸은 깃털로 덮여 있고, 날 수 있는 날개가 있습니다. 새는 또한 먹이를 먹는 부리를 가지고 있습니다.

파충류는 기어 다닙니다. 파충류는 냉혈동물이며, 대부분 알을 낳습니다. 많은 중요한 파충류 종들이 현재 멸종되었습니다.

양서류는 다리가 넷 달린 동물입니다. 양서류는 물과 육지에 살고 물속에 알을 낳습니다.

어류는 물속에 삽니다. 어류는 비늘, 헤엄을 치기 위한 지느러미, 그리고 숨쉬기 위한 아가미가 있습니다.

곤충은 비행을 할 수 있는 최초의 동물이었습니다. 곤충은 알에서 성장합니다.

| 정답 |

Comprehension Checkup Ⓐ **1.** b **2.** c **3.** b **4.** a Ⓑ **1.** F **2.** T

Vocabulary Focus Ⓐ **1.** b **2.** a **3.** d **4.** c

Ⓑ **1.** feed **2.** beaks **3.** lay **4.** extinct

Grammar Focus **1.** Birds have wings to fly. **2.** Amphibians lay eggs in water.

Summary birth / young / lay / creep / fly

| 삽화 말풍선 문장 | p.32

① 포유류는 살아 있는 새끼를 낳아.

② 개구리 같은 양서류는 물과 육지에 살아.

| **Vocabulary** | p.33

• mammal 몡 포유동물

• give birth to ～을 낳다

• young 몡 새끼

• hop 통 깡충 뛰다

• feather 몡 깃털

• beak 몡 부리

• creep 통 기다

• extinct 혱 멸종한

• scale 몡 비늘

• fin 몡 지느러미

• gill 몡 아가미

| **Reading Focus** | p.33

• 새들은 무엇을 가지고 있나요?

• 물고기는 숨쉬기 위해 무엇을 가지고 있나요?

| 본문 그림 자료 | p.34

• Animals laying eggs 알을 낳는 동물

• bird 새

• reptile 파충류

• amphibian 양서류

• fish 어류

• insect 곤충

| 문제 정답 및 해석 | p.35

Comprehension Checkup

Ⓐ 가장 알맞은 답을 고르세요.

1. 본문은 주로 무엇에 관한 글입니까? [b]

   a. 육지 동물의 특징

   b. 동물의 다양한 종류

   c. 동물의 자기 보호

2. 날 수 있었던 최초의 동물은 무엇이었습니까? [c]

   a. 새 **b.** 양서류 **c.** 곤충

3. 새는 무엇으로 덮여 있습니까?　　　　　　　　[b]

　　a. (동물의) 털

　　b. 깃털

　　c. 비늘

4. 본문에서 무엇을 추론할 수 있습니까?　　　　　　[a]

　　a. 어떤 포유동물은 물속에서 삽니다.

　　b. 포유동물은 다른 어떤 동물들보다 더 큽니다.

　　c. 어류는 물속에서 사는 유일한 동물입니다.

B 맞는 문장은 T를, 맞지 않는 문장은 F를 고르세요.

1. 새는 살아 있는 새끼를 낳습니다.　　　　　　　　[F]

2. 어류는 헤엄칠 때 지느러미를 사용합니다.　　　　[T]

Vocabulary Focus

A 다음 단어를 알맞은 뜻과 연결하세요.

1. ~을 낳다 ---- **b.** 새끼를 생산하다

2. 깡충 뛰다 ---- **a.** 짧고 빠른 도약을 하여 움직이다

3. 부리 ---- **d.** 새의 딱딱하고 뾰족한 입

4. 비늘 ---- **c.** 물고기 피부의 작고 납작한 조각 중 하나

B 다음 빈칸에 알맞은 단어를 고르세요.

　　　　멸종한 / 먹이를 주다 / 낳다 / 부리

1. 포유동물은 새끼에게 젖을 <u>먹입니다</u>.　　　　　[feed]

2. 새는 먹이를 먹는 <u>부리</u>가 있습니다.　　　　　　[beaks]

3. 파충류는 냉혈동물이며, 대부분은 알을 <u>낳습니다</u>.　[lay]

4. 많은 중요한 파충류 종들이 현재 <u>멸종</u>되었습니다. [extinct]

Grammar Focus

　　　　　　　　목적어의 위치

주어 + 동사 + 목적어

'~을/를'에 해당하는 말이 필요한 경우 목적어를 씁니다. 이때는

항상 타동사를 써야 하며, 목적어는 항상 동사 다음에 오므로 〈주어 + 동사 + 목적어〉의 어순으로 씁니다.

괄호 안의 단어를 올바른 순서로 배열한 다음 문장을 다시 쓰세요.

1. 새는 날 수 있는 날개가 있습니다.

　　　　　　　　　　　　[Birds have wings to fly.]

2. 양서류는 물속에 알을 낳습니다.

　　　　　　　　　　　　[Amphibians lay eggs in water.]

Summary

본문을 요약하기 위해 빈칸에 알맞은 단어를 골라 채우세요.

　　낳다 / 출산 / 기어 다니다 / 날다 / 새끼

Mammals give birth to live young. Mammals can hop, walk, swim or fly. Birds have wings to fly. Birds, amphibians, insects, most reptiles, and fish lay eggs. Reptiles creep. Amphibians are four-legged animals. Fish have scales, fins, and gills. Insects were the first animals to fly.

포유동물은 살아 있는 <u>새끼</u>를 낳습니다. 포유동물은 깡충 뛰거나 걷거나 헤엄을 치거나 혹은 날 수 있습니다. 새는 날 수 있는 날개가 있습니다. 새, 양서류, 곤충, 대부분의 파충류, 그리고 어류는 알을 <u>낳습니다</u>. 파충류는 기어 다닙니다. 양서류는 다리가 네 개인 동물입니다. 어류는 비늘, 지느러미, 그리고 아가미가 있습니다. 곤충은 <u>날</u> 수 있었던 최초의 동물이었습니다.

p.38

| 본문 해석 | **동물이 살기 위해 필요한 것**

동물은 먹이, 물, 그리고 공기가 필요합니다. 동물은 또한 주거지라고 불리는 살기에 안전한 장소가 필요합니다. 동물은 다양한 종류의 장소에서 삽니다. 어떤 동물은 땅 위에서 삽니다. 다른 동물은 물속에서 삽니다.

동물은 자기 자신을 보호하고 도와주는 신체 기관을 가지고 있습니다. 눈과 코는 먹이를 찾는 데 사용됩니다. 눈, 귀, 그리고 코는 그들이 위험을 감지하는 데도 필요합니다. 다리, 날개, 그리고 지느러미는 그들이 위험을 피하는 것을 도와줄 수 있습니다. 동물은 또한 그들이 공기를 얻는 것을 도와주는 기관을 가지고 있습니다. 육지 동물들은 숨 쉬기 위해 폐를 사용하는 반면, 어류는 물속에서 숨 쉬기 위해 아가미를 사용합니다.

| 정답 |

Comprehension Checkup Ⓐ **1.**a **2.**b **3.**c **4.**a Ⓑ **1.**F **2.**T

Vocabulary Focus Ⓐ **1.**c **2.**d **3.**a **4.**b

Ⓑ **1.**shelter **2.**avoid **3.**protect **4.**various

Grammar Focus **1.**Others **2.**Some **3.**others

Summary protect / sense / avoid / breathing / lungs

| 삽화 말풍선 문장 | p.38

① 동물은 먹이를 찾기 위해 눈과 코를 사용해.

② 주거지는 동물이 살 수 있는 장소야.

| **Vocabulary** | p.39

• shelter 명 주거지, 집

• various 형 다양한

• protect 동 보호하다

• necessary 형 필요한

• sense 동 감지하다

• danger 명 위험

• avoid 동 피하다

• breathe 동 숨을 쉬다

• lung 명 폐, 허파

| **Reading Focus** | p.39

• 동물은 위험을 감지하는 데 어느 신체 기관을 이용하나요?

• 어떤 종류의 동물이 폐를 가지고 있나요?

| 본문 그림 자료 | p.40

• Different shelters of animals 동물의 다양한 주거지

• cave 동굴   • nest 둥지

• forest 숲   • water 물

| 문제 정답 및 해석 | p.41

Comprehension Checkup

Ⓐ 가장 알맞은 답을 고르세요.

1. 본문은 주로 무엇에 관한 글입니까?   [a]

a. 동물이 살아남게 도와주는 것

b. 동물이 위험을 감지하는 방법

c. 대부분의 동물이 사는 곳

2. 동물은 왜 귀가 필요합니까?   [b]

a. 시간을 감지하기 위해

b. 위험을 감지하기 위해

c. 장소를 찾기 위해

3. 무엇이 어류가 위험을 피하는 것을 도와줍니까?　　　[c]

   a. 아가미

   b. 폐

   c. 지느러미

4. 본문에서 무엇을 추론할 수 있습니까?　　　[a]

   a. 동물은 살아남기 위해 그들의 감각을 이용합니다.

   b. 땅 위에서 사는 것보다 물속에서 사는 것이 더 안전합니다.

   c. 더 많은 동물이 물속보다 땅 위에 삽니다.

B 맞는 문장은 T를, 맞지 않는 문장은 F를 고르세요.

1. 어류는 물속에서 숨 쉬는 데 폐를 사용합니다.　　　[F]

2. 동물은 많은 다양한 장소에서 삽니다.　　　[T]

Vocabulary Focus

A 다음 단어를 알맞은 뜻과 연결하세요.

1. 감지하다 ---- **c.** 어떤 것이 존재한다는 것을 느끼거나 알다

2. 피하다 ---- **d.** 안 좋은 일이 생기는 것을 예방하다

3. 폐 ---- **a.** 호흡을 하는 몸속 기관

4. 보호하다 ---- **b.** 어떤 사람 혹은 어떤 것을 안전하게 지키다

B 다음 빈칸에 알맞은 단어를 고르세요.

주거지 / 다양한 / 보호하다 / 피하다

1. 동물은 <u>주거지</u>라고 불리는 살기에 안전한 장소가 필요합니다.
　　　[shelter]

2. 다리, 날개, 그리고 지느러미는 그들이 위험을 <u>피하는</u> 것을 도와줄 수 있습니다.
　　　[avoid]

3. 동물은 자기 자신을 <u>보호하고</u> 도와주는 신체 기관을 가지고 있습니다.
　　　[protect]

4. 그들은 <u>다양한</u> 종류의 장소에서 삽니다.　　　[various]

Grammar Focus

some(+ 명사)과 others

예를 들어 많은 연필이 있는데 빨강, 노랑, 파랑, 녹색 등 색깔이 다양합니다. 이때 '어떤' 연필들은 빨간색이고 '또 어떤 연필들'은 노란색이라고 설명할 때 '어떤'에 해당하는 말이 some이고 '또 어떤 것들'에 해당하는 말은 others입니다. some은 '어떤 것'이라는 명사나 〈some + 명사〉처럼 형용사로 쓰이기도 합니다.

알맞은 단어를 고르세요.

1. 어떤 동물은 땅 위에서 삽니다. 다른 동물은 물속에서 삽니다.
　　　[Others]

2. 나는 모자가 많습니다. 어떤 것들은 파란색이고, 또 어떤 것들은 검은색입니다.
　　　[Some]

3. 이 방 안에 책이 많이 있습니다. 어떤 것들은 소설이고, 또 어떤 것들은 만화책입니다.
　　　[others]

Summary

본문을 요약하기 위해 빈칸에 알맞은 단어를 골라 채우세요.

피하다 / 폐 / 보호하다 / 숨 쉬는 것 / 감지하다

Animals live on land or in water. They have body parts to protect and help themselves. Their body parts are used to find food, sense danger, and avoid danger. Fish use gills for breathing and other animals use lungs.

동물은 땅 위나 물속에 삽니다. 동물은 스스로를 <u>보호하고</u> 도와주는 신체 기관이 있습니다. 그들의 신체 기관은 먹이를 찾고 위험을 <u>감지하며</u> 위험을 <u>피하는</u> 데에 사용됩니다. 어류는 숨 쉬는 데에 아가미를 사용하며, 다른 동물들은 <u>폐</u>를 사용합니다.

p.44

| 본문 해석 | **동물이 먹는 것**

동물은 살기 위해 에너지가 필요합니다. 동물은 에너지를 얻기 위해 먹이를 먹습니다. 어떤 동물은 식물만 먹습니다. 그것들은 초식 동물입니다. 말, 토끼, 사슴, 그리고 코끼리와 같은 초식 동물은 식물의 조직을 씹는 데 적응된 이빨을 가지고 있습니다.

어떤 동물들은 주로 고기를 먹습니다. 그것들은 육식 동물입니다. 호랑이, 사자, 그리고 상어와 같은 육식 동물은 고기를 찢고 뜯기 위한 날카로운 이빨을 가지고 있습니다.

돼지, 곰, 그리고 길들여진 개와 고양이 같은 일부 동물은 스스로에게 영양분을 공급하기 위해 식물과 고기를 모두 먹습니다. 그것들은 잡식 동물입니다.

인간은 식물성 물질뿐 아니라 고기도 먹기 때문에 잡식 동물입니다. 주로 채식만 하는 사람은 보통 채식주의자라고 불립니다.

| 정답 |

Comprehension Checkup **A** 1.c 2.b 3.a 4.a **B** 1.T 2.F

Vocabulary Focus **A** 1.b 2.a 3.d 4.c

   B 1.energy 2.herbivores 3.carnivores 4.omnivores

Grammar Focus 1.to live 2.to get 3.breathe

Summary plants / grind / meat / sharp / omnivores

| 삽화 말풍선 문장 | p.44
① 어떤 동물은 식물만 먹어.
② 주로 고기를 먹는 몇몇 동물이 있어.

| **Vocabulary** | p.45
• herbivore 명 초식 동물
• deer 명 사슴
• adapt 동 적응하다
• grind 동 갈다
• carnivore 명 육식 동물
• shark 명 상어
• sharp 형 날카로운
• rip 동 잡아 찢다
• tear 동 뜯다, 찢다
• omnivore 명 잡식 동물

| **Reading Focus** | p.45
• 육식 동물은 무엇인가요?
• 채식주의자는 누구인가요?

| 본문 그림 자료 | p.46
• Types of Eaters 먹는 동물의 유형

| 문제 정답 및 해석 | p.47

Comprehension Checkup

A 가장 알맞은 답을 고르세요.

1. 본문은 주로 무엇에 관한 글입니까?   [c]
   a. 자연에서 먹이를 구하는 세 가지 방법
   b. 다른 동물을 잡아먹는 동물 집단
   c. 그들이 먹는 것에 기반한 동물 유형

2. 초식 동물은 무엇입니까?   [b]
   a. 주로 고기를 먹는 동물
   b. 식물만 먹는 동물
   c. 고기와 식물을 먹는 동물

3. 육식 동물은 주로 무엇을 먹습니까? [a]

    a. 고기   **b.** 식물   **c.** 곤충

4. 본문에서 무엇을 추론할 수 있습니까? [a]

    a. 초식 동물은 다른 동물을 사냥하지 않습니다.

    b. 초식 동물은 육식 동물보다 작습니다.

    c. 잡식 동물은 식물성 물질을 좋아하지 않습니다.

B 맞는 문장은 T를, 맞지 않는 문장은 F를 고르세요.

1. 식물과 고기 둘 다 먹는 동물은 잡식 동물입니다. [T]

2. 인간은 주로 고기를 먹는 육식 동물입니다. [F]

Vocabulary Focus

A 다음 단어를 알맞은 뜻과 연결하세요.

1. 사슴 ---- b. 빠르게 달리며, 풀을 먹고, 뿔이 있는 동물

2. 상어 ---- a. 여러 열의 날카로운 이빨을 가진 큰 물고기

3. 날카로운 ---- d. 매우 가는 가장자리나 끝부분을 가진

4. 뜯다, 찢다 ---- c. 어떤 것을 힘으로 분리하다

B 다음 빈칸에 알맞은 단어를 고르세요.

에너지 / 잡식 동물 / 초식 동물 / 육식 동물

1. 동물은 <u>에너지</u>를 얻기 위해 먹이를 먹습니다. [energy]

2. 말, 토끼, 그리고 코끼리는 <u>초식 동물</u>입니다. [herbivores]

3. 호랑이, 사자, 그리고 상어는 <u>육식 동물</u>입니다. [carnivores]

4. 돼지, 곰, 그리고 길들여진 개는 <u>잡식 동물</u>입니다.

                                                   [omnivores]

Grammar Focus

'목적'을 나타내는 to부정사

'~하기 위해'라는 목적을 나타낼 때 to부정사를 사용할 수 있습니다. to부정사의 형태는 〈to + 동사원형〉입니다.

알맞은 말을 고르세요.

1. 동물은 살기 위해 에너지가 필요합니다. [to live]

2. 그들은 에너지를 얻기 위해 먹이를 먹습니다. [to get]

3. 어류는 물속에서 숨 쉬기 위해 아가미를 사용합니다.

                                          [breathe]

Summary

본문을 요약하기 위해 빈칸에 알맞은 단어를 골라 채우세요.

고기 / 식물 / 잡식 동물 / 날카로운 / 갈다

Animals eat food to get energy. Herbivores only eat plants. Their teeth are adapted to grind vegetable tissues. Carnivores mostly eat meat. They have sharp teeth to rip and tear meat. Omnivores eat both plants and meat. Humans are omnivores. However, if you mostly eat plants, you are a vegetarian.

동물은 에너지를 얻기 위해 먹이를 먹습니다. 초식 동물은 <u>식물</u>만 먹습니다. 초식 동물의 이빨은 식물 조직을 <u>갈도록</u> 적응되어 있습니다. 육식 동물은 주로 <u>고기</u>를 먹습니다. 육식 동물은 고기를 찢고 뜯기 위한 <u>날카로운</u> 이빨을 갖고 있습니다. 잡식 동물은 식물과 고기 둘 다 먹습니다. 인간은 <u>잡식 동물</u>입니다. 하지만 만약 당신이 주로 채소를 먹는다면, 당신은 채식주의자입니다.

p.50

| 정답 |

Review Vocabulary Test

A 1. flat / 편평한 2. contain / 담고 있다 3. beak / 부리 4. nutrient / 영양소

B 1. avoid 2. produces 3. lay 4. solar

C 1.

l	u	n	g	s

2.

s	h	a	r	k

3.

f	l	o	w	e	r

4.

s	u	r	v	i	v	e

5.

s	e	n	s	e

6.

d	e	e	r

➡ ground

Review Grammar Test

A 1. doesn't 2. Others 3. to live 4. its

B 1. With sunlight and air, leaves make food.

2. In many plants, the flower is its most colorful part.

3. Living things need food to survive.

Review Vocabulary Test

A 알맞은 단어와 우리말 뜻을 쓰세요.

1. 매끄럽고 고른   [flat / 편평한]
2. 어떤 것을 안에 가지고 있다   [contain / 담고 있다]
3. 새의 딱딱하고 뾰족한 입   [beak / 부리]
4. 생물이 살고 성장하는 것을 돕는 물질   [nutrient / 영양소]

B 다음 빈칸에 알맞은 단어를 고르세요.

낳다 / 태양의 / 만들어 내다 / 피하다

1. 다리, 날개, 그리고 지느러미는 그들이 위험을 <u>피하는</u> 것을 도와줄 수 있습니다.   [avoid]
2. 꽃은 씨를 <u>만들어 내는</u> 부분을 포함하고 있습니다.   [produces]
3. 파충류는 냉혈동물이며, 대부분은 알을 <u>낳습니다</u>.   [lay]
4. 생물은 <u>태양</u> 에너지의 도움으로 성장하고 변화합니다.   [solar]

C 퍼즐을 완성하세요.

1. 호흡을 하는 몸속 기관   [lungs]
2. 여러 열의 날카로운 이빨을 가진 큰 물고기   [shark]
3. 식물의 예쁜 색깔 부분   [flower]
4. 계속해서 살다   [survive]
5. 어떤 것이 존재한다는 것을 느끼거나 알다   [sense]
6. 빠르게 달리며, 풀을 먹고, 뿔이 있는 동물   [deer]

색 상자 안의 한 단어는 무엇인가요?   [ground(땅)]

Review Grammar Test

A 알맞은 말을 고르세요.

1. 그녀는 채소를 먹지 않습니다.   [doesn't]
2. 어떤 동물은 땅 위에서 삽니다. 다른 동물들은 물속에서 삽니다.   [Others]
3. 동물은 살기 위해 에너지가 필요합니다.   [to live]
4. 열매는 씨가 들어 있는 식물의 부분입니다.   [its]

B 밑줄 친 단어를 바르게 고친 다음 문장을 다시 쓰세요.

1. [With sunlight and air, leaves make food.]
   잎은 햇빛과 공기로 양분을 만듭니다.
2. [In many plants, the flower is its most colorful part.]
   많은 식물들에서 꽃이 그것의 가장 화려한 부분입니다.
3. [Living things need food to survive.]
   생물은 생존하기 위해 먹이가 필요합니다.

Families and Changes

p.54

| 본문 해석 | 가족과 변화

오래전, 가정에서는 손으로 빨래를 했습니다. 그들은 때를 벗겨 내기 위해 빨래판을 사용했습니다. 이것은 시간이 오래 걸렸습니다. 시대가 변했습니다. 가정에서는 여전히 빨래를 해야 하지만, 오늘날 대부분의 가정에서는 세탁기를 사용합니다. 더 적은 시간에 더 많은 빨래를 할 수 있습니다.

오래전, 가족들은 멀리 사는 가족 구성원들과 연락을 하기 위한 전화기가 없었습니다. 그들은 편지를 썼습니다. 오늘날, 우리는 멀리 사는 가족에게 전화로 이야기하거나 컴퓨터, 휴대 전화, 태블릿 컴퓨터로 이메일을 보낼 수 있습니다. 페이스북, 트위터, 그리고 기타 소셜 네트워크 서비스(SNS) 또한 우리가 의사소통하는 것을 돕습니다.

| 정답 |

Comprehension Checkup　Ⓐ **1.** a　**2.** c　**3.** c　**4.** b　Ⓑ **1.** T　**2.** T

Vocabulary Focus　Ⓐ **1.** b　**2.** d　**3.** a　**4.** c

　　　　　　　　　Ⓑ **1.** less　**2.** touch　**3.** send　**4.** dirt

Grammar Focus　**1.** Times have changed.　**2.** He has finished his homework.

Summary　washed / wrote / touch / send / communicate

| 삽화 말풍선 문장 | p.54

① 사람들은 손으로 빨래를 하곤 했어.

② 과거에, 사람들은 멀리 있는 누군가와 이야기하기 위해 편지를 썼어.

| Vocabulary | p.55

- washboard 명 빨래판
- dirt 명 때, 먼지
- washing machine 세탁기
- less 형 더 적은
- get in touch with ~와 연락을 취하다
- far away 멀리 떨어져
- communicate 동 의사소통하다, 통신하다

| Reading Focus | p.55

- 오늘날 가족은 옷을 세탁하는 데 무엇을 사용하나요?
- 오늘날 가족은 의사소통하는 데 무엇을 사용하나요?

| 본문 그림 자료 | p.56

- The past 과거
- letter 편지
- telegraph 전신
- The present 현재
- email 이메일
- smartphone 휴대 전화

| 문제 정답 및 해석 | p.57

Comprehension Checkup

Ⓐ 가장 알맞은 답을 고르세요.

1. 본문은 주로 무엇에 관한 글입니까?　[a]
   a. 변화된 생활 방식
   b. 가족의 중요성
   c. 미래의 기계

2. 무엇이 빨래하는 것을 이전보다 더 쉽게 만들었습니까?　[c]
   a. 새로운 옷
   b. 빨래판
   c. 세탁기

3. 과거에 사람들은 다른 사람들과 어떻게 연락을 취했습니까?   [c]

    a. SNS를 사용했습니다.

    b. 이메일을 보냈습니다.

    c. 편지를 썼습니다.

4. 본문에 따르면 어느 것이 사실이 아닙니까?   [b]

    a. 컴퓨터는 우리가 의사소통하는 것을 도와줍니다.

    b. PC는 의사소통에는 사용되지 않습니다.

    c. 트위터는 소셜 네트워크 서비스입니다.

B 맞는 문장은 T를, 맞지 않는 문장은 F를 고르세요.

1. 사람들은 빨래판을 이용해서 빨래를 하곤 했습니다.   [T]

2. 우리는 소셜 네트워크 서비스를 통해 의사소통할 수 있습니다.

                                                         [T]

Vocabulary Focus

A 다음 단어를 알맞은 뜻과 연결하세요.

1. 빨래판 - - - - **b.** 옷을 빨기 위한 울퉁불퉁한 판

2. 세탁기 - - - - **d.** 옷을 빨기 위한 기계

3. 의사소통하다 - - - - **a.** 누군가에게 말하거나 글을 쓰다

4. 때, 먼지 - - - - **c.** 더럽게 만드는, 대개는 흙인 물질

B 다음 빈칸에 알맞은 단어를 고르세요.

> 보내다 / 더 적은 / 때, 먼지 / 연락

1. 세탁기를 이용해서 가정에서는 <u>더 적은</u> 시간에 더 많은 옷을

    빨 수 있습니다.   [less]

2. 가족은 가족 구성원들과 <u>연락</u>할 수 있는 전화기가 없었습니다.

                                                     [touch]

3. 우리는 전화로 얘기하거나 컴퓨터로 이메일을 <u>보낼</u> 수 있습니다.

                                                     [send]

4. 가정에서는 때를 제거하기 위해 빨래판을 사용했습니다. [dirt]

Grammar Focus

> 현재완료 시제

have/has + 과거분사

과거의 행위가 현재까지 영향을 미치는 경우에 대해서는 현재완료 시제를 쓰며, 〈have + 과거분사〉의 형태로 씁니다. 주어가 3인칭 단수일 때는 〈has + 과거분사〉로 쓰고 부정문은 〈have/has not + 과거분사〉의 형태로 씁니다.

현재완료 시제를 제대로 쓰기 위해서는 동사의 과거분사형을 알고 있어야 합니다. 규칙 변화를 하는 동사의 과거/과거분사형은 〈동사 원형 + -(e)d〉의 형태로 변화하지만 아래와 같이 불규칙 변화하는 동사들은 따로 알아 두어야 합니다.

현재	과거	과거분사
be(am/are/is)	was/were	been
go	went	gone
come	came	come
see	saw	seen

보기와 같이 문장을 바꿔 쓰세요.

1. [Times have changed.]

    시대가 변해 왔습니다.

2. [He has finished his homework.]

    그는 숙제를 끝냈습니다.

Summary

본문을 요약하기 위해 빈칸에 알맞은 단어를 골라 채우세요.

> 썼다 / 빨았다 / 의사소통하다 / 보내다 / 연락

A long time ago, families washed their clothes by hand, but most families today use washing machines. A long time ago, families wrote letters to get in touch with their family members, but, today, we can talk on the phone and send emails. Social networking services also help us communicate.

오래전에 가정에서는 손으로 옷을 <u>빨았</u>지만, 오늘날 대부분의 가정에서는 세탁기를 사용합니다. 오래전에 가족들은 가족 구성원들과 <u>연락</u>을 하기 위해 편지를 <u>썼</u>지만, 오늘날 우리는 전화로 얘기하고 이메일을 보낼 수 있습니다. 소셜 네트워크 서비스 또한 우리가 <u>의사소통하</u>는 것을 돕습니다.

Changing Communities

p.60

| 본문 해석 | **변화하는 공동체**

오랜 세월에 걸쳐 공동체 사회 내의 생활은 변화해 왔습니다. 그러한 변화 중 하나는 운송 수단에 있습니다. 운송 수단은 사람이나 물건을 한 장소에서 다른 장소로 옮기는 방법입니다.

수년 전에, 많은 사람들은 말이 끄는 마차를 탔습니다. 오늘날, 대부분의 사람들은 자동차, 버스, 그리고 지하철을 교통수단으로 이용합니다. 또 다른 예는 사람들이 즐기는 활동이 될 수 있습니다. 수년 전에, 사람들은 겨울에 야외에서 연못과 호수에서 스케이트를 탔습니다. 여름에 그들은 호수, 연못, 그리고 바다에서 수영했습니다.

오늘날, 사람들은 일 년 내내 실내 스케이트장에서 스케이트를 탈 수 있습니다. 사람들은 여전히 호수, 연못, 그리고 바다에서 수영할 수 있습니다. 그러나 사람들은 또한 일 년 내내 온수 수영장에서 수영할 수 있습니다.

| 정답 |

Comprehension Checkup Ⓐ **1.** a **2.** c **3.** b **4.** c Ⓑ **1.** F **2.** T

Vocabulary Focus Ⓐ **1.** b **2.** d **3.** a **4.** c

Ⓑ **1.** moving **2.** swam **3.** pools **4.** pulled

Grammar Focus **1.** Years ago, many people rode carriages pulled by horses.

2. A long time ago, families washed their clothes by hand.

Summary pulled / use / transportation / indoor / heated

| 삽화 말풍선 문장 | p.60

① 사람들은 말이 끄는 마차를 운전하곤 했어.

② 수년 전에, 사람들은 여름에만 수영을 할 수 있었어.

| **Vocabulary** | p.61

- community 명 공동체, 지역 사회
- transportation 명 운송 수단, 교통수단
- carriage 명 마차, 사륜마차
- pull 통 끌다, 당기다
- pond 명 연못
- lake 명 호수
- indoor rink 실내 스케이트장
- heated 형 가열된
- pool 명 수영장

| Reading Focus | p.61

- 운송 수단은 무엇인가요?

- 오늘날 사람들은 교통수단으로 무엇을 이용하나요?

| 본문 그림 자료 | p.62

- The change of life in communities 공동체 생활의 변화

| 문제 정답 및 해석 | p.63

Comprehension Checkup

Ⓐ 가장 알맞은 답을 고르세요.

1. 본문은 주로 무엇에 관한 글입니까? [a]

　a. 오랜 세월을 거친 생활의 변화

　b. 인생을 즐기는 방법에 있어서의 변화

　c. 사람들이 이동을 하는 방법에 있어서의 변화

2. 생활의 변화로서 언급되지 않은 것은 무엇입니까? [c]

　a. 재미있는 활동들

b. 운송 수단

c. 의사소통

3. 과거의 사람들이 즐겼던 것은 무엇입니까? [b]

    a. 수영장에서 수영하기

    b. 호수에서 스케이트 타기

    c. 실내 스케이트장에서 스케이트 타기

4. 본문에서 무엇을 추론할 수 있습니까? [c]

    a. 오늘날 대부분의 사람들은 여가 시간이 더 많습니다.

    b. 오래전 사람들은 실내 활동을 좋아하지 않았습니다.

    c. 과거에서보다 이동하는 더 많은 방법들이 있습니다.

B 맞는 문장은 T를, 맞지 않는 문장은 F를 고르세요.

1. 오래전에는, 부유한 사람들만이 말이 끄는 마차를 탈 수 있었
습니다. [F]

2. 오늘날 사람들은 스케이트를 타기 위해서 야외로 나갈 필요가
없습니다. [T]

Vocabulary Focus

A 다음 단어를 알맞은 뜻과 연결하세요.

1. 끌다, 당기다 ---- **b.** 어떤 것을 자신 쪽으로 움직이다

2. 연못 ---- **d.** 땅으로 둘러싸인 물이 있는 작은 지역

3. 링크 ---- **a.** 스케이트를 탈 수 있는 얼음 구역

4. 수영장 ---- **c.** 사람들이 안에서 수영할 수 있도록 물로 채워
진 부분

B 다음 빈칸에 알맞은 단어를 고르세요.

수영했다 / 수영장 / 옮기는 것 / 끌리는

1. 운송 수단은 사람들을 한 곳에서 다른 곳으로 옮기는 방법입
니다. [moving]

2. 수년 전 사람들은 호수, 연못, 그리고 바다에서 수영했습니다.
[swam]

3. 오늘날 사람들은 일 년 내내 온수 수영장에서 수영할 수 있습
니다. [pools]

4. 수년 전 사람들은 말이 끄는 마차를 탔습니다. [pulled]

Grammar Focus

~ ago

ago는 '~ 전에'라는 의미로 a week ago(일주일 전에), 10 minutes ago(10분 전에)처럼 쓸 수 있습니다. 과거의 구체적인 한 시점을 나타내므로 ago가 쓰인 문장에는 반드시 과거 시제가 필요합니다.

밑줄 친 말을 바르게 고친 다음 문장을 다시 쓰세요.

1. [Years ago, many people rode carriages pulled by horses.]
수년 전, 많은 사람들은 말이 끄는 마차를 탔습니다.

2. [A long time ago, families washed their clothes by hand.]
오래전, 가정에서는 손으로 빨래를 했습니다.

Summary

본문을 요약하기 위해 빈칸에 알맞은 단어를 골라 채우세요.

이용하다 / 끌리는 / 가열된 / 실내의 / 교통수단

Unlike years ago when many people rode carriages pulled by horses, today, most people use cars, buses, and the subway for transportation. Unlike years ago, people can ice-skate in indoor rinks, and swim in heated pools all year long.

많은 사람들이 말이 끌어 주는 마차를 타던 수년 전과 달리, 오늘날 대부분의 사람들은 교통수단으로 자동차, 버스, 그리고 지하철을 이용합니다. 수년 전과 달리, 사람들은 실내 스케이트장에서 스케이트를 타고, 일 년 내내 온수 수영장에서 수영을 할 수 있습니다.

Social Studies | UNIT 09 | Many Jobs

| 본문 해석 | **많은 직업**

많은 사람들은 직업을 가지고 있습니다. 대부분의 사람들은 돈을 벌기 위해 직장에서 일합니다. 돈을 번다는 것은 하는 일에 대한 대가를 받는 것을 의미합니다.

사람들은 사무실과 상점과 같은 많은 다양한 장소에서 일합니다. 어떤 사람들은 일을 하기 위해 이동합니다. 어떤 사람들은 야외에서 일을 합니다. 어떤 사람들은 공동체 사회 내의 모든 사람들을 돕습니다. 경찰관, 교사, 버스 기사, 그리고 소방관들은 공동체 사회 전체를 위해 일합니다.

오늘날 많은 사람들은 집에서 일합니다. 이 사람들은 집을 나가지 않고 컴퓨터로 회사 일을 할 수 있습니다.

때로 부모 중 한 명이 집과 가정을 돌보며 집에서 일하는 반면에, 나머지 한 부모는 돈을 벌기 위해 집 밖에서 일합니다.

| 정답 |

Comprehension Checkup A **1.**a **2.**c **3.**c **4.**b B **1.**T **2.**T

Vocabulary Focus A **1.**b **2.**c **3.**d **4.**a

B **1.**earn **2.**outdoors **3.**leaving **4.**care

Grammar Focus **1.** To earn means to get paid for the work you do.

2. To walk is good for health.

Summary earn / various / outdoors / community / home

| 삽화 말풍선 문장 | p.66

① 다양한 장소에 많은 다른 직업들이 있어.

② 어떤 사람들은 집에서 컴퓨터로 일하기도 해.

| **Vocabulary** | p.67

• job 명 일, 직업

• earn 통 (돈을) 벌다

• office 명 사무실

• store 명 상점, 가게

• travel 통 이동하다, 여행하다

• outdoors 부 야외에서

• police officer 경찰관

• firefighter 명 소방관

• take care of ~을 돌보다

| **Reading Focus** | p.67

• 대부분의 사람들은 왜 일하나요?

• 누가 전체 공동체 사회를 돕나요?

| 본문 그림 자료 | p.68

• Jobs 직업들

• police officer 경찰관
• firefighter 소방관
• doctor 의사
• teacher 교사
• judge 판사
• cleaner 청소부

| 문제 정답 및 해석 | p.69

Comprehension Checkup

A **가장 알맞은 답을 고르세요.**

1. 본문은 주로 무엇에 관한 글입니까? [a]

a. 다양한 일의 형태

b. 가장 어려운 직업

c. 요즘 인기 있는 직업

2. 누가 공동체 사회의 모두를 도와줍니까? [c]

   a. 집에서 일하는 사람들

   b. 야외에서 일하는 사람들

   c. 경찰관과 소방관

3. 집에서 일하는 사람들은 무엇을 합니까? [c]

   a. 그들은 더 많이 지급하는 일을 찾습니다.

   b. 그들은 공동체 전체를 위해 일합니다.

   c. 그들은 집에서 컴퓨터로 일합니다.

4. 본문에서 무엇을 추론할 수 있습니까? [b]

   a. 야외에서 일하는 사람들은 돈을 더 적게 법니다.

   b. 어떤 직업은 마을 전체를 위해 필요합니다.

   c. 대부분이 사람들은 사무실에서 일하고 싶어 합니다.

B 맞는 문장은 T를, 맞지 않는 문장은 F를 고르세요.

1. 사람들은 그들이 하는 일에 대해 대가를 받기 위해 직업을 가지고 있습니다. [T]

2. 일을 하기 위해 이동하는 사람들이 있습니다. [T]

Vocabulary Focus

A 다음 단어를 알맞은 뜻과 연결하세요.

1. 상점, 가게 - - - - b. 일반 사람들에게 상품이 판매되는 곳

2. 야외에서 - - - - c. 건물 안이 아닌 밖에서

3. 이동하다 - - - - d. 한 곳에서 다른 곳으로 가다

4. 소방관 - - - - a. 화재를 막는 것이 직업인 사람

B 다음 빈칸에 알맞은 단어를 고르세요.

돌봄, 보살핌 / 나가는 것 / 벌다 / 야외에서

1. 대부분의 사람들은 돈을 벌기 위해 직장에서 일합니다. [earn]

2. 어떤 사람들은 야외에서 일합니다. [outdoors]

3. 오늘날 많은 사람들은 집을 나가지 않고 컴퓨터로 회사 일을 할 수 있습니다. [leaving]

4. 때로 부모 중 한 명은 집안일과 가정을 돌보면서 집에서 일합니다. [care]

Grammar Focus

to부정사의 명사적 용법

동사는 주어가 될 수 없습니다. 그래서 동사가 주어 자리에 오면 주어가 될 수 있는 명사의 뜻을 갖도록 바꾸어 주어야 하는데 to부정사를 활용할 수 있습니다. to부정사는 〈to + 동사원형〉의 형태로 명사 역할을 하면서 주어로 쓰일 수 있습니다. 해석은 '~하는 것' 또는 '~하기'입니다.

밑줄 친 말을 바르게 고친 다음 문장을 다시 쓰세요.

1. [To earn means to get paid for the work you do.]
돈을 번다는 것은 하는 일에 대한 대가를 받는 것을 의미합니다.

2. [To walk is good for health.]
걷기는 건강에 좋습니다.

Summary

본문을 요약하기 위해 빈칸에 알맞은 단어를 골라 채우세요.

공동체 / 야외에서 / 다양한 / 집 / 벌다

Most people work at their jobs to earn money. People work inside various places or even outdoors. Police officers, teachers, bus drivers, and firefighters help everyone in a community. Today, many people work from home with computers.

대부분의 사람들은 돈을 벌기 위해 직장에서 일합니다. 사람들은 다양한 장소 안에서 혹은 야외에서도 일합니다. 경찰관, 교사, 버스 기사, 그리고 소방관은 공동체 사회의 모두를 돕습니다. 오늘날 많은 사람들은 컴퓨터로 집에서 일합니다.

Producers and Consumers

p.72

| 본문 해석 | **생산자와 소비자**

생산자는 팔기 위한 제품을 만듭니다. 팔기 위한 제품을 재배하는 사람도 생산자라고 불릴 수 있습니다. 농부가 사과를 팔기 위해 재배하면, 그들은 생산자입니다.

농부는 자신들의 물건을 상점이나 시장에 팝니다. 그러면 사람들은 그곳에서 그 물건을 삽니다. 소비자는 생산자가 재배하거나 만든 것들을 먹거나 사용합니다.

우리 모두는 소비자입니다. 이것은 우리 모두 필요한 것과 원하는 것이 있기 때문입니다. 우리 모두는 우리가 필요로 하거나 사고 싶은 것들이 있습니다. 사과를 팔기 위해 재배하는 농부들은 생산자입니다. 하지만 그들이 상점에서 컵을 산다면, 그들은 소비자가 됩니다.

| 정답 |

Comprehension Checkup Ⓐ **1.** a **2.** c **3.** b **4.** a Ⓑ **1.** T **2.** F

Vocabulary Focus Ⓐ **1.** b **2.** c **3.** d **4.** a

Ⓑ **1.** sell **2.** producers **3.** wants **4.** consumers

Grammar Focus **1.** They can be called producers.

2. Consumers eat or use things that are grown by producers.

Summary grow / made / consumers / growing / buying

| 삽화 말풍선 문장 | p.72
① 팔기 위한 물건을 만들거나 재배하는 사람들이 있어.
② 가게나 시장은 생산자가 만든 것을 팔아.

| **Vocabulary** | p.73
· producer 명 생산자
· goods 명 물건, 상품, 제품
· sell 동 팔다
· grow 동 재배하다, 키우다
· farmer 명 농부
· market 명 시장
· buy 동 사다
· consumer 명 소비자

| **Reading Focus** | p.73
· 생산자는 무엇을 하나요?
· 우리 모두는 왜 소비자인가요?

| 문제 정답 및 해석 | p.75

Comprehension Checkup

Ⓐ **가장 알맞은 답을 고르세요.**

1. 본문은 주로 무엇에 관한 글입니까? [a]
   a. 생산하고 소비하는 사람들
   b. 시장에서 소비되는 물건들
   c. 제작자와 구매자를 연결하는 가게들

2. 생산자는 누구입니까? [c]
   a. 제품에 대해 지불하는 사람들
   b. 제품을 필요로 하는 사람들
   c. 제품을 만들거나 재배하는 사람들

3. 우리 모두는 왜 소비자입니까? [b]
   a. 우리 모두가 시장을 필요로 하기 때문에
   b. 우리 모두가 무언가를 사기 때문에
   c. 우리 모두가 생산할 수는 없기 때문에

4. 본문에서 무엇을 추론할 수 있습니까? [a]

　a. 시장은 생산자에게 제품에 대해 지불한다.

　b. 많은 가게들이 생산자들의 소유이다.

　c. 소비자는 생산자가 원하는 것을 산다.

B 맞는 문장은 T를, 맞지 않는 문장은 F를 고르세요.

1. 사람들이 무언가를 살 때, 그들은 소비자가 됩니다. [T]

2. 생산자는 소비자가 만든 것을 사용합니다. [F]

Vocabulary Focus

A 다음 단어를 알맞은 뜻과 연결하세요.

1. 물건, 상품, 제품 ---- **b.** 판매되도록 생산되는 것

2. 재배하다, 기르다 ---- **c.** 식물이나 농작물이 자라도록 하다

3. 시장 ---- **d.** 물건을 사고파는 곳

4. 팔다 ---- **a.** 돈과 교환하여 무엇을 주다

B 다음 빈칸에 알맞은 단어를 고르세요.

　　생산자 / 소비자 / 팔다 / 원하는 것

1. 생산자는 판매할 제품을 만듭니다. [sell]

2. 소비자는 생산자가 재배한 것을 먹습니다. [producers]

3. 우리 모두는 필요한 것과 원하는 것이 있습니다. [wants]

4. 농부가 컵을 사면, 소비자가 됩니다. [consumers]

Grammar Focus

수동태

be동사 + 과거분사 + by + 행위자

수동태는 주어가 행동의 대상으로서 행동의 영향을 받을 때 씁니다. 수동태는 〈be동사 + 과거분사〉의 형태로 씁니다. 다음은 능동태 문장을 수동태로 바꾸는 방법입니다.

Producers make goods. 생산자가 물건을 만듭니다. (능동태 문장)

Goods are made by producers.

　　　　　물건은 생산자에 의해 만들어집니다. (수동태 문장)

수동태를 제대로 쓰기 위해서는 동사의 과거분사형을 알고 있어야 합니다. 규칙 변화를 하는 동사의 과거/과거분사형은 〈동사원형 + -(e)d〉의 형태로 변화하지만 아래와 같이 불규칙 변화하는 동사들은 따로 외워야 합니다.

현재	과거	과거분사
grow	grew	grown
make	made	made
sell	sold	sold
buy	bought	bought

밑줄 친 단어를 바르게 고친 다음 문장을 다시 쓰세요.

1. [They can be called producers.]

　그들은 생산자라고 불릴 수 있습니다.

2. [Consumers eat or use things that are grown by producers.]

　소비자는 생산자에 의해 재배된 것들을 먹거나 사용합니다.

Summary

본문을 요약하기 위해 빈칸에 알맞은 단어를 골라 채우세요.

　소비자 / 재배하다 / 사는 / 재배하는 / 만들어진

Producers make or grow goods to sell. Consumers eat or use the things grown or made by producers. We are all consumers because we all have needs and wants. Farmers are producers when growing food, but they are consumers when buying goods.

생산자는 판매할 제품을 만들거나 재배합니다. 소비자는 생산자가 재배하거나 만든 것을 먹거나 사용합니다. 우리 모두는 필요한 것과 원하는 것이 있기 때문에 우리 모두 소비자입니다. 농부는 식량을 재배할 때는 생산자이지만, 제품을 구매할 때는 소비자입니다.

p.78

| 본문 해석 | **고대 이집트**

옛날에 사람들은 식량 재배 방법을 몰랐습니다. 그것을 배우기 전에는, 그들은 야생 동물을 사냥해야 했습니다. 그들은 먹고 살기 위해 계속해서 한 목초지에서 다른 목초지로 옮겨 다녀야 했습니다. 때로 그들은 운이 좋게도 동굴에서 피난처를 찾기도 했습니다.

이후에 사람들은 먹을 것을 심고 마을로 모여들었습니다. 그들은 자신들을 위해 지은 건물에서 잘 수 있었습니다. 이집트는 사람들이 처음으로 작물을 재배하고 집을 짓기 시작한 나라입니다.

이집트에는 파라오라고 불리는 왕이 있었습니다. 투탕카멘, 또는 투트 왕이라고 하는 한 젊은 파라오는 세상에서 가장 긴 강인 나일 강 근처에서 살았습니다.

| 정답 |

Comprehension Checkup Ⓐ **1.** b **2.** c **3.** c **4.** c Ⓑ **1.** F **2.** T

Vocabulary Focus Ⓐ **1.** a **2.** d **3.** b **4.** c

Ⓑ **1.** feed **2.** caves **3.** villages **4.** crops

Grammar Focus **1.** hunt **2.** keep **3.** has

Summary hunted / keep / building / pharaoh / longest

| 삽화 말풍선 문장 | p.78

① 이집트에는 파라오라고 불리는 왕이 있었어.

② 고대 이집트에는 사람들이 작물을 심고 집을 지었어.

| **Vocabulary** | p.79

• learn 图 배우다

• hunt 图 사냥하다

• grassland 图 초원, 목초지

• feed 图 먹이다, 음식을 주다

• cave 图 동굴

• plant 图 심다

• gather 图 모이다, 모여들다

• village 图 마을

• country 图 국가, 나라

• crop 图 농작물, 작물

| **Reading Focus** | p.79

• 옛날에 사람들은 어디서 잤나요?

• 투트 왕은 어디서 살았나요?

| 본문 그림 자료 | p.80

• pyramid 피라미드

• sphinx 스핑크스

• pharaoh 파라오

| 문제 정답 및 해석 | p.81

Comprehension Checkup

Ⓐ 가장 알맞은 답을 고르세요.

1. 본문은 주로 무엇에 관한 글입니까? [b]

　a. 강가에 생긴 첫 번째 나라

　b. 가장 초기의 국가들 중 하나

　c. 고대의 농업과 건축

2. 사람들은 왜 야생 동물을 사냥해야 했습니까? [c]

　a. 야생 동물이 자주 사람들을 공격했기 때문에

　b. 농업을 위해 야생 동물이 필요했기 때문에

　c. 식량을 재배하는 방법을 몰랐기 때문에

3. 사람들은 왜 계속 이동해야만 했습니까?   [c]

  a. 거주지를 찾기 위해

  b. 강을 찾기 위해

  c. 먹이를 찾기 위해

4. 본문에서 무엇을 추론할 수 있습니까?   [c]

  a. 사람들은 배로 여행하기 위해서 강 가까이 모였습니다.

  b. 사람들은 그 나라의 왕으로부터 농업을 배웠습니다.

  c. 사람들은 농업을 시작하면서 한 장소에 머물렀습니다.

B 맞는 문장은 T를, 맞지 않는 문장은 F를 고르세요.

1. 고대에는 사람들이 사냥하는 방법을 몰랐습니다.   [F]

2. 고대 이집트의 왕은 파라오라고 불렸습니다.   [T]

Vocabulary Focus

A 다음 단어를 알맞은 뜻과 연결하세요.

1. 사냥하다 ---- **a.** 동물을 죽이거나 잡기 위해서 쫓다

2. 초원 ---- **d.** 잡초로 뒤덮인 넓은 지역

3. 먹이다 ---- **b.** 사람이나 동물에게 음식[먹이]을 주다

4. 동굴 ---- **c.** 절벽이나 언덕 옆면에 있는 큰 구멍

B 다음 빈칸에 알맞은 단어를 고르세요.

> 작물 / 마을 / 음식을 주다 / 동굴

1. 그들은 스스로 먹기 위해서 한 목초지에서 다른 목초지로 계속해서 이동했습니다.   [feed]

2. 사냥 중에, 그들은 운이 좋으면 동굴 안에서 잘 수 있었습니다.   [caves]

3. 사람들은 먹을 것을 심고 마을로 모여들기 시작했습니다.   [villages]

4. 이집트는 사람들이 작물을 재배하기 시작한 나라였습니다.   [crops]

Grammar Focus

> 필요성이나 의무를 나타내는 have to

have to는 '~을 해야 한다'는 필요성이나 의무를 나타낼 때 사용합니다. have to 다음에는 동사원형이 나옵니다. 주어가 3인칭 단수일 때는 〈has to + 동사원형〉으로 쓰며, 과거 시제에 쓸 때는 have의 과거형인 had를 활용하여 〈had to + 동사원형〉의 형태로 씁니다.

알맞은 단어를 고르세요.

1. 사람들은 야생 동물을 사냥해야만 했습니다.   [hunt]

2. 그들은 먹고 살기 위해 한 목초지에서 다른 목초지로 계속 옮겨 다녀야 했습니다.   [keep]

3. 그는 시험에 통과하기 위해 열심히 공부해야 합니다.   [has]

Summary

본문을 요약하기 위해 빈칸에 알맞은 단어를 골라 채우세요.

> 계속하다 / 가장 긴 / 사냥했다 / 파라오 / 짓는 것

In the earliest times, people hunted wild animals. They had to keep moving to feed themselves. People started growing crops and building houses in Egypt. There was a king in Egypt called the pharaoh. One young pharaoh called King Tut lived near the longest river in the world, the Nile.

고대에는 사람들이 야생 동물을 사냥해야 했습니다. 그들은 스스로 먹고 살기 위해 계속해서 이동해야 했습니다. 사람들은 이집트에서 작물을 재배하고 집을 짓기 시작했습니다. 이집트에는 파라오라고 불리는 왕이 있었습니다. 투트 왕으로 불린 한 젊은 파라오는 세계에서 가장 긴 강인 나일 강 근처에 살았습니다.

The Nile

p.84

| 본문 해석 | **나일강**

나일강은 중앙아프리카에서 발원합니다. 나일강은 거대한 사막을 가로지릅니다. 나일강은 지중해에서 끝납니다. 매년, 나일강의 북쪽 부분이 둑 위로 범람했습니다. 그곳이 바로 이집트가 시작된 곳이었습니다.

고대 이집트의 모든 것은 나일강의 범람에 의존했습니다. 강물은 수 마일에 걸쳐 강둑에 비옥하고 습한 토양을 남겼습니다. 농부들은 그 토양에 작물을 심었습니다. 이집트는 일 년 내내 매우 따뜻하기 때문에, 이집트인들은 많은 식량을 재배할 수 있었습니다. 한 곳에서 작물을 재배할 수 있다는 것은 사람들이 더 이상 옮겨 다니지 않아도 된다는 것을 뜻했습니다. 그들은 한 곳에 머물면서 마을과 도시를 건설할 수 있었습니다.

| 정답 |

Comprehension Checkup Ⓐ **1.** c **2.** b **3.** c **4.** b Ⓑ **1.** F **2.** T

Vocabulary Focus Ⓐ **1.** d **2.** c **3.** a **4.** b

  Ⓑ **1.** desert **2.** overflowing **3.** flooded **4.** central

Grammar Focus **1.** Being **2.** Walking **3.** is

Summary northern / ancient / flooded / moist / crops

| 삽화 말풍선 문장 | p.84

① 나일강은 거대한 사막을 가로지르고 있어.
② 사람들은 나일강을 따라서 작물을 재배하고 집을 지었어.

| **Vocabulary** | p.85

• central 혱 중앙의
• desert 명 사막
• flood 동 범람하다
• bank 명 둑, 제방
• ancient 혱 고대의
• depend 동 의존하다
• overflow 동 범람하다
• moist 혱 습기 있는, 촉촉한
• soil 명 토양, 흙

| **Reading Focus** | p.85

• 나일강은 어디에서 시작하나요?
• 이집트의 날씨는 어떤가요?

| 본문 그림 자료 | p.86

• Map of the Nile 나일강 지도

| 문제 정답 및 해석 | p.87

Comprehension Checkup

Ⓐ **가장 알맞은 답을 고르세요.**

1. 본문은 주로 무엇에 관한 글입니까? [c]
  a. 국가들이 시작된 곳
  b. 나일강이 형성된 방법
  c. 고대 이집트가 시작된 방법

2. 나일강의 북쪽 부분에서는 매년 무슨 일이 일어났습니까? [b]
  a. 건조하고 먼지가 많아졌습니다.
  b. 범람해서 좋은 토양을 남겼습니다.
  c. 범람해서 사람들을 죽게 했습니다.

3. 이집트인들은 왜 더 이상 이동할 필요가 없게 되었습니까? [c]

   a. 도시들을 발견했기 때문에

   b. 아주 부유했기 때문에

   c. 작물을 재배할 수 있었기 때문에

4. 본문에서 무엇을 추론할 수 있습니까?   [b]

   a. 농부들은 원래 낚시꾼이었습니다.

   b. 나일강의 범람이 이집트가 시작될 수 있게 도왔습니다.

   c. 많은 고대 사람들은 나일강을 놓고 싸웠습니다.

B 맞는 문장은 T를, 맞지 않는 문장은 F를 고르세요.

1. 나일강은 중앙아프리카에서 끝납니다.   [F]

2. 이집트는 일 년 내내 따뜻합니다.   [T]

Vocabulary Focus

A 다음 단어를 알맞은 뜻과 연결하세요.

1. 범람하다 ---- **d.** 어떤 장소를 물로 덮다

2. 둑, 제방 ---- **c.** 강가나 호숫가를 따라 있는 땅

3. 토양 ---- **a.** 식물이 자라는 지구의 맨 위층

4. 습기 있는 ---- **b.** 약간 젖은

B 다음 빈칸에 알맞은 단어를 고르세요.

범람했다 / 중앙의 / 사막 / 범람

1. 나일강은 거대한 <u>사막</u>을 가로지릅니다.   [desert]

2. 고대 이집트의 모든 것은 나일강의 <u>범람</u>에 의존했습니다.

                                               [overflowing]

3. 나일강은 제방을 넘어 <u>범람했습니다</u>.   [flooded]

4. 나일강은 <u>중앙</u>아프리카에서 발원합니다.   [central]

Grammar Focus

주어로 쓰이는 동명사

동사는 주어가 될 수 없습니다. 그래서 동사가 주어 자리에 오면 주

어가 될 수 있는 명사의 뜻을 갖도록 바꾸어 주어야 하는데 to부
정사 외에도 동명사를 활용할 수 있습니다. 동명사는 〈동사원형 +
-ing〉의 형태로 '~하는 것' 또는 '~하기'라는 의미를 나타냅니다.
동명사가 주어로 오면 단수 취급을 하기 때문에 단수 동사가 필요
합니다.

알맞은 단어를 고르세요.

1. 한 곳에서 작물을 재배할 수 있다는 것은 사람들이 더 이상 옮
   겨 다니지 않아도 된다는 것을 뜻했습니다.   [Being]

2. 걷기는 여러분의 건강에 좋습니다.   [Walking]

3. 독서는 어린이들에게 중요합니다.   [is]

Summary

본문을 요약하기 위해 빈칸에 알맞은 단어를 골라 채우세요.

범람했다 / 북부의 / 고대의 / 작물 / 습기 있는

The **northern** part of the Nile is where **ancient** Egypt
began. Each year, it **flooded** over its banks. The
water left rich and **moist** soil over its banks for many
miles. People could grow **crops** in the soil and started
building villages.

나일강의 **북쪽** 부분이 고대 이집트가 시작된 곳입니다. 매년, 나일
강은 둑 위로 범람했습니다. 그 강물은 수 마일에 걸쳐 강둑에 비옥
하고 습한 토양을 남겼습니다. 사람들은 그 토양에 작물을 키울 수
있었고 마을을 세우기 시작했습니다.

p.90

| 정답 |

Review Vocabulary Test

A **1.** sell / 팔다   **2.** communicate / 의사소통하다   **3.** flood / 범람하다

   4. hunt / 사냥하다

B **1.** earn   **2.** producers   **3.** crops   **4.** villages

C

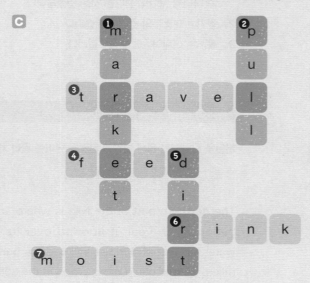

Review Grammar Test

A **1.** changed   **2.** Walking   **3.** To earn   **4.** washed

B **1.** Years ago, many people rode carriages pulled by horses.

   2. People had to hunt wild animals.

   3. Consumers eat or use things that are made by producers.

Review Vocabulary Test

A 알맞은 단어와 우리말 뜻을 쓰세요.

1. 돈과 교환하여 무엇을 주다   [sell / 팔다]

2. 누군가에게 말하거나 글을 쓰다

[communicate / 의사소통하다]

3. 어떤 장소를 물로 덮다   [flood / 범람하다]

4. 동물을 죽이거나 잡기 위해서 쫓다   [hunt / 사냥하다]

B 다음 빈칸에 알맞은 단어를 고르세요.

마을 / 벌다 / 작물 / 생산자

1. 대부분의 사람들은 돈을 벌기 위해 직장에서 일합니다.

[earn]

2. 소비자는 생산자가 재배한 것을 먹습니다.   [producers]

3. 사람들은 이집트에서 작물을 재배하고 집을 짓기 시작했습니다.

[crops]

4. 이집트인들은 한 곳에 머물면서 마을과 도시를 건설할 수 있었습니다.   [villages]

C 크로스워드 퍼즐을 완성하세요.

가로

❸ 한 곳에서 다른 곳으로 가다   [travel]

❹ 사람이나 동물에게 음식[먹이]을 주다   [feed]

❻ 스케이트를 탈 수 있는 얼음 구역   [rink]

❼ 약간 젖은   [moist]

세로

❶ 물건을 사고파는 곳   [market]

❷ 어떤 것을 자신 쪽으로 움직이다   [pull]

❺ 더럽게 만드는, 대개는 흙인 물질   [dirt]

Review Grammar Test

A 알맞은 단어를 고르세요.

1. 시대가 변해 왔습니다.   [changed]

2. 걷기는 건강에 좋습니다.   [Walking]

3. 돈을 번다는 것은 하는 일에 대한 대가를 받는 것을 의미합니다.

[To earn]

4. 오래전, 가정에서는 손으로 빨래를 했습니다.   [washed]

B 밑줄 친 단어를 바르게 고친 다음 문장을 다시 쓰세요.

1. [Years ago, many people rode carriages pulled by horses.]

수년 전, 많은 사람들은 말이 끄는 마차를 탔습니다.

2. [People had to hunt wild animals.]

사람들은 야생 동물을 사냥해야 했습니다.

3. [Consumers eat or use things that are made by producers.]

소비자는 생산자에 의해 만들어진 것들을 먹거나 사용합니다.

Sayings and Phrases 1

p.94

| 본문 해석 | **속담과 관용구 1**

연습하면 완벽해진다.

이 속담은 어떤 일을 계속 반복해서 하다 보면 그것에 능숙해진다는 것을 의미합니다.

제인은 피아노 강습 받는 것을 좋아했습니다. 그녀는 매일 연습했습니다. 제인은 실수를 하지 않고 첫 곡을 치는 것을 배웠을 때 자랑스러 웠습니다. 제인은 이제 선생님이 왜 항상 "연습하면 완벽해진다."라고 말씀하셨는지 이해하게 되었습니다.

뜻이 있는 곳에 길이 있다.

이 속담은 어떤 일을 절실히 하기 원하면 그것을 할 수 있는 길을 찾게 된다는 의미입니다.

줄리아는 연속해서 줄넘기를 50번 하려고 계속 노력했지만, 매번 40번을 한 후에 망쳐 버렸습니다. "50번을 할 수 없을 거 같아!" 그녀는 친구인 제니퍼에게 말했습니다. "아, 넌 하게 될 거야." 제니퍼가 말했습니다. "계속 노력해 봐. 뜻이 있는 곳에 길이 있어."

| 정답 |

Comprehension Checkup   Ⓐ **1.** b **2.** c **3.** c **4.** b   Ⓑ **1.** T **2.** T

Vocabulary Focus   Ⓐ **1.** b **2.** c **3.** a **4.** d

Ⓑ **1.** good **2.** Practice **3.** way **4.** messed

Grammar Focus   **1.** taking **2.** washing **3.** trying

Summary   practice / perfect / difficulties / way / will

| 삽화 말풍선 문장 | p.94

① 연습이 완벽을 만들어.

② 뜻이 있는 곳에 길이 있어.

| **Vocabulary** | p.95

- practice 명 연습 동 연습하다
- perfect 형 완벽한
- proud 형 자랑스러운
- mistake 명 실수
- will 명 뜻, 의지, 소망
- way 명 길
- try 동 노력하다, 시도하다
- jump rope 줄넘기를 하다
- in a row 잇따라, 연속적으로
- mess up 망치다, 엉망으로 만들다

| **Reading Focus** | p.95

- 실수를 하고 싶지 않을 때 어떻게 해야 하나요?
- 어떤 것을 이루고 싶을 때, 어떻게 해야 하나요?

| 문제 정답 및 해석 | p.97

Comprehension Checkup

Ⓐ 가장 알맞은 답을 고르세요.

1. 제인에 관해 어느 것이 사실입니까?   [b]

a. 그녀는 피아노가 즐겁지 않았습니다.

b. 그녀는 열심히 피아노 연습을 했습니다.

c. 그녀는 혼자 피아노를 배웠습니다.

2. 제인은 무엇이 자랑스러웠습니까?   [c]

a. 매일 연습한 것

b. 피아노 수업을 받는 것

c. 실수 없이 연주한 것

3. 어떤 것을 할 방법은 언제 찾을 수 있습니까?　　　**[c]**

　a. 다른 사람들에게 도움을 요청할 때

　b. 막 포기하려 할 때

　c. 그것을 절실하게 원할 때

4. 제니퍼는 줄리아에게 왜 "계속 노력해 봐."라고 말했습니까?

　a. 줄리아의 기분을 좀 더 좋게 하려고　　　**[b]**

　b. 줄리아에게 포기하지 말라고 말하려고

　c. 줄리아에게 줄넘기하는 법을 보여 주려고

B 맞는 문장은 T를, 맞지 않는 문장은 F를 고르세요.

1. 제인은 이제 그 속담이 의미하는 것을 이해합니다.　　**[T]**

2. 줄리아는 연속해서 50번의 줄넘기를 하는 것이 힘들었습니다.

　　　　　　　　　　　　　　　　　　　　　　[T]

Vocabulary Focus

A 다음 단어를 알맞은 뜻과 연결하세요.

1. 연습하다 ---- **b.** 기술을 향상시키기 위해 정기적으로 무엇을 하다

2. 자랑스러운 ---- **c.** 누군가 혹은 무엇에 대해서 기뻐하는

3. 줄넘기를 하다 ---- **a.** 줄을 넘다

4. 실수 ---- **d.** 틀린 방식으로 행해진 어떤 것

B 다음 빈칸에 알맞은 단어를 고르세요.

　　망쳤다 / 잘하는 / 길, 방법 / 연습

1. 무언가를 계속 반복해서 하면 여러분은 그것을 잘하게 됩니다.

　　　　　　　　　　　　　　　　　　　　　　[good]

2. 연습이 완벽을 만듭니다.　　　　　　　　**[Practice]**

3. 만약 여러분이 어떤 것을 절실하게 하고 싶어 하면 그것을 할 수 있는 길을 찾게 될 것입니다.　　　　　　**[way]**

4. 그녀는 언제나 40번의 줄넘기 후에 망쳐 버렸습니다.

　　　　　　　　　　　　　　　　　　　　　　[messed]

Grammar Focus

　　　　　　　목적어로 쓰이는 동명사

동명사는 명사 역할을 하므로 동사 다음의 목적어 자리에도 쓰일 수 있습니다. 동명사를 목적어로 취할 수 있는 동사에는 like, enjoy, mind, finish, keep, stop 등이 있습니다.

알맞은 단어를 고르세요.

1. 제인은 피아노 강습 받는 것을 좋아했습니다.　　**[taking]**

2. 그는 설거지를 마쳤습니다.　　　　　　　　**[washing]**

3. 계속 노력해 보세요.　　　　　　　　　　　**[trying]**

Summary

본문을 요약하기 위해 빈칸에 알맞은 단어를 골라 채우세요.

　완벽한 / 길, 방법 / 뜻, 의지 / 어려움 / 연습하다

If you want to be good at something, you should practice it over and over as the old saying goes: "Practice makes perfect."

You will face some difficulties, but if you want to do something badly enough, you'll find a way to do it. Where there's a will, there's a way.

만약 무언가에 능숙해지고 싶다면, 오래된 속담에서 "연습하면 완벽해진다."라고 하듯이, 그것을 계속 되풀이하여 연습해야 합니다. 어려움에 맞닥뜨리겠지만, 어떤 일을 절실하게 하고 싶다면, 그것을 할 수 있는 길을 찾게 될 것입니다. 뜻이 있는 곳에 길이 있습니다.

Sayings and Phrases 2

| 본문 해석 | **속담과 관용구 2**

잘 생각해 보고 행동하라.[돌다리도 두드려 보고 건너라.]

이 속담은 무언가를 서둘러 하기 전에 신중해야 하고 생각해 보는 게 좋다는 의미입니다.

"엄마, 존이 자기 장난감 자동차 전부하고 제 자전거하고 바꾸자고 해요. 멋지지 않나요?" "글쎄다, 탐. 네 자전거가 장난감 자동차들보다 훨씬 더 비싸단다. 정말 바꾸고 싶은 거니? 잘 생각해 보고 결정하렴."

일찍 일어나는 새가 벌레를 잡는다.

이 속담은 다른 사람들보다 먼저 시작하면 대개 그들을 앞설 수 있다는 것을 의미합니다.

"야, 빌, 너 들었니? 제인의 카드 상점이 토요일 일찍 문을 여는데, 가게에 먼저 오는 50명은 공짜 농구 카드를 받게 될 거래!" "멋지다! 몇 시에 문을 여는지 알아보고 문 앞에서 기다리자, 스티브. 일찍 일어나는 새가 벌레를 잡는다잖아."

| 정답 |

Comprehension Checkup A 1. c 2. a 3. a 4. b B 1. T 2. T

Vocabulary Focus A 1. b 2. a 3. d 4. c

B 1. trade 2. leap 3. waiting 4. worm

Grammar Focus 1. You should be careful. 2. You should keep moving.

3. You should wait at the door.

Summary rush / careful / leap / ahead / worm

| 삽화 말풍선 문장 | p.100

① 돌다리도 두드려 보고 건너라.

② 일찍 일어나는 새가 벌레를 잡아.

| Vocabulary | p.101

• leap 통 뛰다, 뛰어넘다

• careful 형 신중한, 주의 깊은

• rush 통 서두르다

• trade 통 맞바꾸다

• cost 통 비용이 들다

• worm 명 벌레

• get ahead 앞지르다

• free 형 무료의, 공짜인

• find out 알아내다

| Reading Focus | p.101

• 중요한 것을 하기 전에 무엇을 해야 하나요?

• 다른 사람들보다 어떤 것을 앞서 하고 싶다면 무엇을 해야 하나요?

| 문제 정답 및 해석 | p.103

Comprehension Checkup

A **가장 알맞은 답을 고르세요.**

1. 탐은 자신의 자전거를 무엇과 바꾸고 싶어 합니까? [c]

   a. 돈

   b. 숙제

   c. 장난감 자동차

2. 우리는 뭔가를 급하게 하기 전에 무엇을 해야 합니까? [a]

   a. 신중하게 생각해야 합니다.

b. 휴식을 취해야 합니다.

c. 생각을 멈춰야 합니다.

3. 빌은 그 가게에 왜 가고 싶어 합니까?   [a]

    a. 무료 카드를 받기 위해서

    b. 가게가 열려 있는지 보기 위해서

    c. 몇몇 카드를 사기 위해서

4. 어떻게 하면 남들보다 앞설 수 있습니까?   [b]

    a. 정확한 시간을 알아내서

    b. 남들이 하기 전에 시작해서

    c. 서두르지 않음으로써

B 맞는 문장은 T를, 맞지 않는 문장은 F를 고르세요.

1. 탐의 엄마는 탐의 의견에 동의하지 않습니다.   [T]

2. 빌은 그 가게에 다른 사람들보다 더 일찍 가기를 원합니다. [T]

Vocabulary Focus

A 다음 단어를 알맞은 뜻과 연결하세요.

1. 뛰다, 뛰어넘다 ---- **b.** 깡충 뛰어서 다른 곳에 착지하다

2. 맞바꾸다 ---- **a.** 어떤 것을 다른 것으로 교환하다

3. 무료의 ---- **d.** 돈이 전혀 들지 않는

4. 벌레 ---- **c.** 뼈와 다리가 없는 길고 가느다란 생물

B 다음 빈칸에 알맞은 단어를 고르세요.

뛰다 / 벌레 / 기다리는 / 맞바꾸다

1. 그는 자기 장난감 자동차 전부하고 제 자전거하고 <u>바꾸려고</u> 합니다.   [trade]

2. <u>뛰기</u> 전에 잘 살펴보는 게 좋다. [돌다리도 두드려 보고 건너라.]   [leap]

3. 몇 시에 문을 여는지 알아보고 문 앞에서 <u>기다리자</u>.   [waiting]

4. 일찍 일어나는 새가 <u>벌레</u>를 잡습니다.   [worm]

Grammar Focus

조동사 should

should + 동사원형: ~하는 게 좋다

should는 '~하는 거 좋다'라는 의미로 권유하거나 조언을 할 때 쓰일 수 있습니다. should는 조동사이므로 바로 뒤에 동사원형을 써야 합니다.

보기와 같이 문장을 바꿔 쓰세요.

1. [You should be careful.]
조심하는 것이 좋을 겁니다.

2. [You should keep moving.]
계속 움직이는 것이 좋을 겁니다.

3. [You should wait at the door.]
문에서 기다리는 것이 좋을 겁니다.

Summary

본문을 요약하기 위해 빈칸에 알맞은 단어를 골라 채우세요.

뛰다 / 앞으로, 앞에 / 신중한 / 벌레 / 서두르다

Before you rush into anything, you should be careful and think as the old saying goes: "Look before you leap."

If you want to get ahead of others, get going before they do. The early bird gets the worm.

여러분은 무언가를 <u>서둘러</u> 하기 전에, 오래된 속담에서 "뛰기 전에 잘 살펴보라.[돌다리도 두드려 보고 건너라.]"라고 하듯이, <u>신중해야</u> 하고 생각해 봐야 합니다.

만약 남들보다 <u>앞서고</u> 싶다면, 그들보다 먼저 시작하세요. 일찍 일어나는 새가 <u>벌레</u>를 잡습니다.

Musical Instruments

| 본문 해석 | **악기**

여러분은 타악기를 흔들거나 손, 막대기, 또는 채로 칩니다. 타악기에는 드럼, 실로폰, 탬버린, 그리고 심벌즈가 있습니다. 심벌즈를 치면 심벌즈는 크게 부딪치는 것 같은 소리를 냅니다.

줄이 달린 악기는 현악기라고 불립니다. 여러분은 현악기의 줄을 손가락으로 퉁기거나 뜯어서 혹은 활을 이용해 연주합니다. 기타, 바이올린, 그리고 첼로가 현악기입니다.

관악기는 악기 속으로 공기를 불어넣어 연주합니다. 나무로 만들어지는 몇몇 관악기는 목관 악기라고 합니다. 황동으로 만들어지는 다른 악기는 금관 악기라고 합니다. 플루트, 클라리넷, 그리고 트럼펫이 관악기입니다.

| 정답 |

Comprehension Checkup Ⓐ **1.** c **2.** b **3.** c **4.** a Ⓑ **1.** T **2.** F

Vocabulary Focus Ⓐ **1.** c **2.** a **3.** b **4.** d

Ⓑ **1.** shake **2.** crash **3.** bow **4.** include

Grammar Focus **1.** or **2.** and **3.** or

Summary mallets / stringed / plucking / bow / air

| 삽화 말풍선 문장 | p.106

① 타악기는 흔들거나 쳐서 연주해.

② 현악기는 손가락이나 활로 연주해.

| Vocabulary | p.107

• percussion 뗑 타악기

• mallet 뗑 채, 말렛

• include 뙹 포함하다

• crash 뗑 충돌

• string 뗑 줄, 현 뙹 (악기 등에) 현[줄]을 달다

• strum 뙹 퉁기다, 튕기다

• pluck 뙹 (현을) 뜯다, 켜다

• bow 뗑 활

• blow 뙹 불다

• brass 뗑 황동, 놋쇠, 금관악기

| Reading Focus | p.107

• 관악기는 어떻게 연주하나요?

• 바이올린과 첼로는 어떤 악기인가요?

| 문제 정답 및 해석 | p.109

Comprehension Checkup

Ⓐ **가장 알맞은 답을 고르세요.**

1. 본문은 주로 무엇에 관한 글입니까? [c]

  a. 가장 인기 있는 악기

  b. 오케스트라를 위한 기본 악기

  c. 악기와 악기가 연주되는 방법

2. 현악기는 어떻게 연주합니까? [b]

  a. 악기에 바람을 불어넣어서

  b. 줄을 퉁기거나 뜯어서

  c. 막대나 채로 악기를 쳐서

3. 어느 악기가 소리를 내는 데 공기가 필요합니까? [c]

  a. 드럼

  b. 첼로

  c. 플루트

4. 악기에 대해서 무엇을 추론할 수 있습니까?　　　　[a]

　　a. 악기는 다양한 물질로 만들어집니다.

　　b. 악기는 창작자의 이름을 따서 지어집니다.

　　c. 악기는 배우고 연주하기 어렵습니다.

B 맞는 문장은 T를, 맞지 않는 문장은 F를 고르세요.

1. 우리는 소리를 내기 위해 실로폰을 칩니다.　　　[T]

2. 우리는 첼로를 연주하기 위해 채를 사용합니다.　　[F]

Vocabulary Focus

A 다음 단어를 알맞은 뜻과 연결하세요.

1. 채, 말렛 ---- **c.** 끝이 큰 목재 망치

2. 줄, 현 ---- **a.** 철사나 나일론 등으로 된 길고 가느다란 것

3. 퉁기다, 튕기다 ---- **b.** 악기의 줄을 잡아당기다

4. 황동, 놋쇠 ---- **d.** 매우 딱딱하고 밝은 노란 색의 금속

B 다음 빈칸에 알맞은 단어를 고르세요.

활 / 충돌 / 포함시키다 / 흔든다

1. 여러분은 타악기를 <u>흔들</u>거나 칩니다.　　　[shake]

2. 심벌즈는 큰 <u>충돌</u> 같은 소리를 냅니다.　　　[crash]

3. 현악기는 손가락이나 <u>활</u>로 연주합니다.　　　[bow]

4. 타악기는 드럼과 심벌즈를 <u>포함합니다.</u>　　[include]

Grammar Focus

접속사 and와 or

and와 or는 두 개 이상의 단어나 구, 문장을 연결하는 접속사입니다. and는 '～와/과', '그리고', or는 '또는'의 뜻을 나타냅니다.

알맞은 단어를 고르세요.

1. 여러분은 타악기를 흔들거나 손, 막대기, 또는 채로 칩니다.

　　　　　　　　　　　　　　　　　　　　[or]

2. 타악기에는 드럼, 실로폰, 탬버린, 그리고 심벌즈가 있습니다.

　　　　　　　　　　　　　　　　　　　　[and]

3. 여러분은 현악기의 줄을 손가락으로 퉁기거나 뜯어서 연주합니다.　　　　　　　　　　　　　　　　　[or]

Summary

본문을 요약하기 위해 빈칸에 알맞은 단어를 골라 채우세요.

공기 / 활 / 뜯는 / 줄이 있는 / 채, 말렛

You play percussion instruments by shaking or hitting them with your hands, sticks, or mallets. Instruments with strings are called stringed instruments. You play them either by strumming or plucking them with your fingers or by using a bow. You play wind instruments by blowing air into them.

타악기는 흔들거나 손이나 막대기, 또는 채로 쳐서 연주합니다. 줄이 있는 악기를 현악기라고 부릅니다. 손가락으로 줄을 퉁기거나 뜯어서 혹은 활을 이용해서 현악기를 연주합니다. 관악기는 악기 안으로 공기를 불어넣어서 연주합니다.

Keyboards and Electronic Instruments

p.112

| 본문 해석 | **건반 악기와 전자 악기**

피아노와 오르간 같은 악기는 건반을 사용합니다. 이것들은 건반 악기라고 합니다.

건반 악기로 한 사람이 동시에 많은 음을 연주할 수 있습니다. 손가락 개수만큼의 음들을 동시에 연주할 수 있습니다.

하프시코드는 아주 오래된 건반 악기의 일종인 반면 전자식 건반 악기는 새로운 악기입니다. 요즘, 사람들이 건반 악기에 대해 이야기하면, 흔히 전자식 건반 악기를 의미합니다. 전기를 이용하는 악기를 전자 악기라고 합니다. 전자 기타는 가장 인기가 많은 전자 악기 중 하나입니다. 전자 기타는 피크로 그리고 때로는 손가락으로 연주되는 현악기입니다.

| 정답 |

Comprehension Checkup Ⓐ **1.** c　**2.** b　**3.** c　**4.** b　Ⓑ **1.** T　**2.** T

Vocabulary Focus Ⓐ **1.** b　**2.** d　**3.** a　**4.** c

　　　　　　　　　　　Ⓑ **1.** musical　**2.** electronic　**3.** electricity　**4.** popular

Grammar Focus **1.** play　**2.** can　**3.** can give

Summary keyboard / notes / same / electronic / electricity

| 삽화 말풍선 문장 | p.112

① 피아노와 오르간은 건반 악기야.

② 전자 악기는 전기를 사용해.

| **Vocabulary** | p.113

• keyboard 몡 건반, 건반 악기

• note 몡 음, 음표

• electronic 혱 전자의

• nowadays 뮈 요즘에는

• electricity 몡 전기

• popular 혱 인기 있는, 대중의

• pick 몡 (기타의) 피크

| **Reading Focus** | p.113

• 하프시코드는 무엇인가요?

• 전자 기타는 무엇인가요?

| 본문 그림 자료 | p.114

• Keyboard instruments 건반 악기들

• piano 피아노

• organ 오르간

• Electronic instruments 전자 악기들

• electric guitar 전자 기타

• electric organ 전자 오르간

| 문제 정답 및 해석 | p.115

Comprehension Checkup

Ⓐ 가장 알맞은 답을 고르세요.

1. 본문은 주로 무엇에 관한 글입니까?　[c]

　　a. 인기 있는 전자 악기

　　b. 건반 악기의 역사

　　c. 몇몇 악기의 종류

2. 건반 악기의 특징으로 언급된 것은 무엇입니까?　[b]

　　a. 연주하는 것을 배우기 어렵습니다.

　　b. 한 번에 많은 음을 연주할 수 있습니다.

　　c. 다른 어느 악기보다 더 인기가 있습니다.

3. 전자 기타는 무엇으로 연주합니까? [c]

   a. 막대기

   b. 활

   c. 피크

4. 전자 악기는 무엇입니까? [b]

   a. 건반이 있는 악기

   b. 전기를 사용하는 악기

   c. 컴퓨터로 만들어지는 악기

B 맞는 문장은 T를, 맞지 않는 문장은 F를 고르세요.

1. 건반이 있는 악기는 건반 악기라고 합니다. [T]

2. 하프시코드는 전자 건반 악기보다 오래되었습니다. [T]

Vocabulary Focus

A 다음 단어를 알맞은 뜻과 연결하세요.

1. 건반 ---- **b.** 악기에 있는 일련의 건반

2. 피크 ---- **d.** 현악기를 연주하는 데 쓰이는 작고 납작한 물건

3. 인기 있는 ---- **a.** 많은 사람들이 좋아하는

4. 음, 음표 ---- **c.** 특정한 음악 소리 혹은 기호

B 다음 빈칸에 알맞은 단어를 고르세요.

전기 / 음악의 / 인기 있는 / 전자의

1. 피아노나 오르간 같은 악기는 건반을 사용합니다. [musical]

2. 전기를 사용하는 악기는 전자 악기라고 불립니다.

[electronic]

3. 전자 악기는 전기를 이용합니다. [electricity]

4. 전자 기타는 가장 인기 있는 전자 악기 중 하나입니다.

[popular]

Grammar Focus

조동사 can

주어 + can + 동사원형: ∼할 수 있다

조동사는 동사 바로 앞에 쓰여서 그 동사의 의미를 도와줍니다. 조동사 can은 '∼할 수 있다'라는 의미로 '능력'이나 '가능성'을 나타냅니다. 조동사 다음에는 반드시 동사원형이 옵니다. 그리고 조동사는 주어의 인칭이나 수에 관계없이 형태가 변하지 않고 항상 can으로 씁니다.

알맞은 말을 고르세요.

1. 건반 악기로 한 사람이 동시에 많은 음을 연주할 수 있습니다.

[play]

2. 당신이 그 장소를 찾는 것을 그가 도와줄 수 있습니다. [can]

3. 그녀가 우리에게 정답을 알려 줄 수 있습니다. [can give]

Summary

본문을 요약하기 위해 빈칸에 알맞은 단어를 골라 채우세요.

음, 음표 / 건반 / 전자의 / 전기 / 같은

Some musical instruments with a keyboard are keyboard instruments. One person can play many notes at the same time on a keyboard instrument. Nowadays, when people talk about a keyboard, they often mean an electronic keyboard. Musical instruments that use electricity are called electronic instruments.

건반이 있는 악기는 건반 악기입니다. 건반 악기로 한 사람이 동시에 많은 음을 연주할 수 있습니다. 요즘에는, 사람들이 건반 악기에 대해 얘기한다면, 전자 건반 악기를 의미하는 경우가 많습니다. 전기를 이용하는 악기는 전자 악기라고 불립니다.

p.118

| 정답 |

Review Vocabulary Test

A 1. free / 무료의 2. string / 줄, 현 3. practice / 연습하다

  4. keyboard / 건반, 건반 악기

B 1. worm 2. electricity 3. include 4. good

C 1.

p	r	o	u	d

2.

n	o	t	e

3.

p	i	c	k

4.

p	l	u	c	k

5.

l	e	a	p

6.

m	a	l	l	e	t

7.

t	r	a	d	e

➡ popular

Review Grammar Test

A 1. or 2. taking 3. call 4. wait

B 1. You should be careful.

2. He finished washing the dishes.

3. One person can play many notes at the same time on a keyboard instrument.

| 문제 정답 및 해석 |

Review Vocabulary Test

A 알맞은 단어와 우리말 뜻을 쓰세요.

1. 돈이 전혀 들지 않는   [free / 무료의]
2. 철사나 나일론 등으로 된 길고 가느다란 것   [string / 줄, 현]
3. 기술을 향상시키기 위해 정기적으로 무엇을 하다
                                [practice / 연습하다]
4. 악기에 있는 일련의 건반   [keyboard / 건반, 건반 악기]

B 다음 빈칸에 알맞은 단어를 고르세요.

포함하다 / 잘하는 / 벌레 / 전기

1. 일찍 일어나는 새가 벌레를 잡습니다.   [worm]
2. 전자 악기는 전기를 이용합니다.   [electricity]
3. 타악기는 드럼과 심벌즈를 포함합니다.   [include]
4. 무언가를 계속 반복해서 하면 여러분은 그것을 잘하게 됩니다.
                                    [good]

C 퍼즐을 완성하세요.

1. 누군가 혹은 무엇에 대해서 기뻐하는   [proud]
2. 특정한 음악 소리 혹은 기호   [note]
3. 현악기를 연주하는 데 쓰이는 작고 납작한 물건   [pick]
4. 악기의 줄을 잡아당기다   [pluck]
5. 깡충 뛰어서 다른 곳에 착지하다   [leap]
6. 끝이 큰 목재 망치   [mallet]
7. 어떤 것을 다른 것으로 교환하다   [trade]

색 상자 안의 한 단어는 무엇인가요?   [popular(인기 있는)]

Review Grammar Test

A 알맞은 단어를 고르세요.

1. 여러분은 타악기를 흔들거나 칩니다.   [or]
2. 제인은 피아노 강습을 받는 것을 좋아했습니다.   [taking]
3. 나를 존이라고 불러도 됩니다.   [call]
4. 문에서 기다리는 게 좋을 겁니다.   [wait]

B 밑줄 친 단어를 바르게 고친 다음 문장을 다시 쓰세요.

1. [You should be careful.]
 신중한 것이 좋을 겁니다.
2. [He finished washing the dishes.]
 그는 설거지를 끝냈습니다.
3. [One person can play many notes at the same
 time on a keyboard instrument.]
 건반 악기로 한 사람이 동시에 많은 음을 연주할 수 있습니다.

Visual Arts UNIT 17 Lines

| 본문 해석 | 선

이것들은 직선이지만, 서로 다른 방향으로 향합니다. 위아래로 향하는 선들은 수직선이라고 불립니다. 좌우로 향하는 선들은 수평선입니다. 비스듬하게 기울어져 있는 선은 대각선이라고 불립니다.

선들이 꼭 직선일 필요는 없습니다. 지그재그선을 보세요. 이 선은 더 많은 방향으로 움직이기 때문에 수평선에 비해 더 활기차고 활동적입니다.

여기 선들이 좀 더 있습니다. 이 선들은 굽어 있습니다. 약간 구부려져 있는 선들은 곡선이라고 불립니다. 둥글게 구부러진 선은 원이라고 불립니다. 안으로 계속 구부러져 들어가는 선은 나선이라고 불립니다.

| 정답 |

Comprehension Checkup Ⓐ 1. a 2. c 3. a 4. c   Ⓑ 1. F 2. F

Vocabulary Focus Ⓐ 1. a 2. c 3. d 4. b

Ⓑ 1. vertical 2. horizontal 3. circle 4. spiral

Grammar Focus 1. curving 2. walking 3. calling

Summary down / side / leaning / bend / around / curving

| 삽화 말풍선 문장 | p.122

① 수직선은 위아래로 향하는 반면 수평선은 옆에서 옆으로 향해.
② 구부러져 있는 선은 곡선이라고 불러.

| Vocabulary | p.123

- straight 형 직선의, 곧은
- direction 명 방향
- vertical 형 수직의
- horizontal 형 수평의
- diagonal 형 대각의
- zigzag 형 지그재그의
- active 형 활동적인
- bend 동 구부리다; 구부러지다 (bend – bent – bent)
- circle 명 원
- spiral 명 나선

| Reading Focus | p.123

- 지그재그선은 무엇인가요?
- 둥글게 구부러지는 선은 무엇인가요?

| 문제 정답 및 해석 | p.125

Comprehension Checkup

Ⓐ 가장 알맞은 답을 고르세요.

1. 본문은 주로 무엇에 관한 글입니까?   [a]
   a. 다양한 선의 유형
   b. 선이 주는 감정
   c. 예술에서의 선의 중요성

2. 수직선은 무엇입니까?   [c]
   a. 좌우로 향하는 선
   b. 기울어진 선
   c. 위아래로 향하는 선

3. 지그재그선에 관해 사실인 것은 무엇입니까?   [a]
   a. 활기차고 활동적으로 보입니다.
   b. 한 방향으로 움직입니다.
   c. 위아래로 직선입니다.

4. 어느 선이 안쪽으로 계속 구부러져 들어갑니까?　　[c]

   a. 대각선

   b. 수평선

   c. 나선

B 맞는 문장은 T를, 맞지 않는 문장은 F를 고르세요.

1. 직선은 언제나 같은 방향을 가리킵니다.　　[F]

2. 곡선은 원처럼 많이 구부러져 있습니다.　　[F]

Vocabulary Focus

A 다음 단어를 알맞은 뜻과 연결하세요.

1. 곧은 - - - - **a.** 굽어지거나 구부러지지 않은

2. 방향 - - - - **c.** 어떤 것 또는 누군가가 향한 쪽

3. 활동적인 - - - - **d.** 활동적으로 움직이는

4. 구부리다 - - - - **b.** 어떤 것에 압력을 가해 휘어지게 하다

B 다음 빈칸에 알맞은 단어를 고르세요.

> 수평의 / 나선 / 원 / 수직의

1. 위아래로 향하는 선은 수직선이라고 불립니다.　　[vertical]

2. 좌우로 향하는 선은 수평선입니다.　　[horizontal]

3. 둥글게 구부러진 선은 원이라고 불립니다.　　[circle]

4. 계속해서 안쪽으로 구부러지는 선은 나선이라고 불립니다.

　　[spiral]

Grammar Focus

> keep + 동명사

keep 다음에 동사가 목적어로 오면 동명사로 바꾸어 써야 하며, '계속해서 ~을 하다'라는 의미를 나타냅니다.

알맞은 단어를 고르세요.

1. 안으로 계속 구부러져 들어가는 선은 나선이라고 불립니다.

　　[curving]

2. 멈추지 마세요. 계속 걸어가세요.　　[walking]

3. 그녀에게 계속 전화해 보세요.　　[calling]

Summary

본문을 요약하기 위해 빈칸에 알맞은 단어를 골라 채우세요.

> 기울어진 / 구부러진 / 둥글게 / 옆 / 구부러지다
> / 아래로

The lines that point up and down are vertical lines. The lines that point side to side are horizontal lines. The lines that are leaning are diagonal lines. A zigzag line moves in multiple directions. The lines that bend a little are curved lines. The line that bends all the way around is a circle. The line that keeps curving inside itself is a spiral.

위아래로 향하는 선은 수직선입니다. 옆에서 옆으로 향하는 선은 수평선입니다. 기울어진 선은 대각선입니다. 지그재그선은 다양한 방향으로 움직입니다. 약간 구부러진 선은 곡선입니다. 내내 둥글게 구부러진 선은 원입니다. 안쪽으로 계속 구부러져 들어가는 선은 나선입니다.

Visual Arts | UNIT 18 | # Drawing with Lines

p.128

| 본문 해석 | 선으로 그리기

선으로만 된 그림이 있습니다. 〈백조〉라고 불리는 그림은 프랑스 화가 앙리 마티스의 작품입니다. 마티스는 백조의 목을 위해 어떤 종류의 선을 사용하나요? 곡선은 우아하게 보일 수 있습니다. 그림에서 다른 종류의 곡선들을 더 찾아보세요.

미국의 화가 조지아 오키프의 그림이 있습니다. 인터넷으로 그 그림을 찾아보세요. 〈조개 1호〉라고 불리는 그림에서 다른 선보다 더 두드러진 선의 종류가 있나요? 나선이 보이나요? 나선은 안으로 계속 구부러져 들어가는 선입니다.

| 정답 |

Comprehension Checkup **A** 1.b 2.c 3.b 4.c **B** 1.T 2.T

Vocabulary Focus **A** 1.c 2.a 3.b 4.d

 B 1.lines 2.graceful 3.stands 4.curving

Grammar Focus 1.Do you see the spiral lines?

 2.Does he play tennis every Sunday?

Summary lines / Curved / graceful / spiral / curving

| 삽화 말풍선 문장 | p.128

① 〈백조〉라고 불리는 이 그림은 앙리 마티스의 작품이야.

② 〈조개 1호〉는 조지아 오키프에 의해 창작되었어.

| Vocabulary | p.129

- drawing 명 그림
- swan 명 백조
- neck 명 목
- curve 동 굽히다, 구부러지다
- graceful 형 우아한
- painting 명 그림
- shell 명 조가비, 조개
- stand out 두드러지다, 눈에 띄다

| Reading Focus | p.129

- 〈백조〉에는 어떤 선이 사용되었나요?
- 〈조개 1호〉에는 어떤 선이 사용되었나요?

| 문제 정답 및 해석 | p.131

Comprehension Checkup

A 가장 알맞은 답을 고르세요.

1. 본문은 주로 무엇에 관한 글입니까? [b]
   a. 동물을 사랑한 예술가들
   b. 유명한 예술에서 사용된 선들
   c. 미술에서 선을 사용하는 이유

2. 〈백조〉에서 어떤 선을 발견할 수 있습니까? [c]
   a. 원
   b. 수평선
   c. 곡선

3. 〈조개 1호〉에는 어떤 선이 있습니까? [b]
   a. 수직선
   b. 나선
   c. 수평선

4. 본문에서 무엇을 추론할 수 있습니까?　　　　　[c]

　　a. 앙리 마티스는 백조를 그리는 것을 좋아했습니다.

　　b. 오키프는 조개껍질 그림을 많이 남겼습니다.

　　c. 선은 느낌을 표현하는 데 사용될 수 있습니다.

B 맞는 문장은 T를, 맞지 않는 문장은 F를 고르세요.

1. 〈백조〉는 프랑스 화가 마티스에 의해 그려졌습니다.　[T]

2. 조지아 오키프는 미국 출신이었습니다.　　　　　[T]

Vocabulary Focus

A 다음 단어를 알맞은 뜻과 연결하세요.

1. 목 ---- **c.** 머리와 어깨를 연결하는 신체 기관

2. 백조 ---- **a.** 강이나 호수에 사는 목이 긴 큰 새

3. 굽히다, 구부러지다 ---- **b.** 둥근 모양으로 구부러지게 하다

4. 조가비, 조개 ---- **d.** 동물의 딱딱한 보호 외피

B 다음 빈칸에 알맞은 단어를 고르세요.

　　구부러지는 / 우아한 / 선 / 두드러지다

1. 그림 〈백조〉는 선으로만 이루어져 있습니다.　　[lines]

2. 곡선은 우아해 보일 수 있습니다.　　　　　　[graceful]

3. 두드러진 선의 종류가 있나요?　　　　　　　[stands]

4. 나선은 안쪽으로 계속 구부러집니다.　　　　[curving]

Grammar Focus

　　　　　일반동사 현재 시제의 의문문

Do/Does + 주어 + 동사원형 ~?: ~하나요?

의문문은 아무리 강조해도 지나치지 않습니다. 현재 시제의 문장에 일반동사가 쓰였을 때 주어가 1인칭, 2인칭, 또는 복수 명사일 경우에 주어 앞에 Do를 쓰고 주어, 동사의 순서로 씁니다. 주어가 3인칭 단수일 경우에는 주어 앞에 Does가 필요하며, 주어 다음에 오는 동사는 동사원형이 되어야 합니다.

보기와 같이 문장을 바꿔 쓰세요.

1. [Do you see the spiral lines?]

　　나선이 보입니까?

2. [Does he play tennis every Sunday?]

　　그는 매주 일요일에 테니스를 칩니까?

Summary

본문을 요약하기 위해 빈칸에 알맞은 단어를 골라 채우세요.

　　우아한 / 선 / 곡선 모양의 / 구부러지는 / 나선의

The picture, *The Swan*, by Henri Matisse is made only from lines. Curved lines for the neck of the swan look graceful. The picture, *Shell No. 1*, by Georgia O'Keeffe has a spiral line. The line keeps curving inside itself.

앙리 마티스의 그림 〈백조〉는 선으로만 이루어졌습니다. 백조의 목을 표현한 곡선은 우아해 보입니다. 조지아 오키프의 그림 〈조개 1호〉에는 나선이 있습니다. 그 선은 계속해서 안쪽으로 구부러집니다.

Math UNIT 19 **Ordinal Numbers**

p.134

| 본문 해석 | 서수

사진을 보세요. 개 열 마리가 있습니다. 한 마리가 열을 벗어나 있습니다. 어느 것인가요? 일곱 번째 개입니다. 일곱 번째 개는 7번 개입니다.

"일곱 번째"라고 말할 때, 여러분은 서수라는 특별한 종류의 숫자를 사용하고 있는 것입니다.

서수는 순서대로 있는 어떤 것의 숫자를 부르는 것입니다. 처음 열 개의 서수를 순서대로 말하고 쓰는 연습을 해 보세요. 첫 번째, 두 번째, 그리고 세 번째를 제외한 서수는 'th'로 끝납니다.

어느 개가 다른 방향을 보고 있나요? 서수를 이용해서 답을 말하거나 써 보세요.

| 정답 |

Comprehension Checkup Ⓐ **1.** b **2.** c **3.** b **4.** c Ⓑ **1.** T **2.** F

Vocabulary Focus Ⓐ **1.** a **2.** d **3.** b **4.** c

 Ⓑ **1.** sixth **2.** order **3.** Except **4.** facing

Grammar Focus **1.** Look **2.** Practice **3.** Say

Summary order / ordinal / third / Except / ends

| 삽화 말풍선 문장 | p.134

① "첫 번째"라는 말은 서수야.

② 서수는 순서나 위치를 나타내.

| Vocabulary | p.135

· line 명 선, 줄

· special 형 특별한

· ordinal 형 서수의

· order 명 순서, 차례

· except for ~을 제외하고

· face 동 (방향이) 향하다

| Reading Focus | p.135

· 서수를 언제 사용하나요?

· "일곱 번째"라고 말할 때, 그것은 무슨 의미인가요?

| 본문 그림 자료 | p.136

· first 첫 번째

· second 두 번째

· third 세 번째

· fourth 네 번째

· fifth 다섯 번째

· seventh 일곱 번째

· ninth 아홉 번째

· sixth 여섯 번째

· eighth 여덟 번째

· tenth 열 번째

| 문제 정답 및 해석 | p.137

Comprehension Checkup

Ⓐ **가장 알맞은 답을 고르세요.**

1. 본문은 주로 무엇에 관한 글입니까? [b]

  a. 숫자를 세는 방법

  b. 서수가 무엇인지

  c. 숫자가 사용되는 이유

2. 사진에서 어떤 개가 다른 방향으로 보고 있습니까? [c]

  a. 두 번째 개

  b. 세 번째 개

  c. 네 번째 개

3. 5번 개는 어느 것입니까?　　　　　　　　　[b]

　　a. 일곱 번째 개

　　b. 다섯 번째 개

　　c. 네 번째 개

4. 서수에 대해 무엇을 추론할 수 있습니까?　　　[c]

　　a. 숫자보다 더 자주 쓰입니다.

　　b. 책장에 있는 책을 셀 때 사용될 수 있습니다.

　　c. 경주에서 선수들의 순위를 매길 때 사용됩니다.

B 맞는 문장은 T를, 맞지 않는 문장은 F를 고르세요.

1. 서수는 무언가의 순서를 나타내기 위해 사용됩니다.　[T]

2. 모든 서수는 'th'로 끝납니다.　　　　　　　　[F]

Vocabulary Focus

A 다음 단어를 알맞은 뜻과 연결하세요.

1. 선, 줄 ---- **a.** 물건이나 사람들의 열

2. 순서, 차례 ---- **d.** 사물을 정렬하는 방식

3. 향하다 ---- **b.** 누군가 혹은 어떤 것 쪽으로 보다

4. 특별한 ---- **c.** 평범한 것과 다른

B 다음 빈칸에 알맞은 단어를 고르세요.

　제외하고 / 순서 / 향해 있는 / 여섯 번째의

1. 여섯 번째의 개는 6번 개입니다.　　　　　[sixth]

2. 서수는 순서대로 있는 어떤 것의 숫자를 부르는 것입니다.

　　　　　　　　　　　　　　　　　　　[order]

3. 첫 번째, 두 번째, 그리고 세 번째를 제외한 서수는 'th'로 끝납니다.　　　　　　　　　　　　　　　[Except]

4. 어떤 개가 다른 방향으로 향하고 있습니까?　[facing]

Grammar Focus

명령문

명령문은 상대방인 you에게 뭔가를 하라고 명령을 하거나 지시를 내릴 때 사용하는 문장입니다. 명령문을 만들 때는 주어 you를 생략하고 동사를 맨 앞에 씁니다. 이때 동사는 항상 동사원형으로 써야 합니다. 또한 명령문은 '권유'나 '부탁'의 의미를 담아 말할 때에도 사용합니다.

알맞은 단어를 고르세요.

1. 사진을 보세요.　　　　　　　　　　　　[Look]

2. 처음 열 개의 서수를 순서대로 말하고 쓰는 연습을 해 보세요.

　　　　　　　　　　　　　　　　　　[Practice]

3. 서수를 이용해서 답을 말하거나 써 보세요.　[Say]

Summary

본문을 요약하기 위해 빈칸에 알맞은 단어를 골라 채우세요.

　세 번째의 / 서수의 / 순서 / 제외하고 / 끝나다

When we say a number of something in order, it is an ordinal number. First, second, and third are ordinal numbers. Except for them, every ordinal number ends in 'th.'

순서대로 있는 어떤 것의 숫자를 말할 때, 그것은 서수입니다. 첫 번째, 두 번째, 그리고, 세 번째는 서수입니다. 이것들을 제외한 모든 서수는 'th'로 끝납니다.

p.140

| 본문 해석 | **분수**

분수는 어떤 것의 일부분입니다.

1/2은 분수입니다. 어떤 것이 2개의 동일한 부분으로 나누어지면 각 부분은 1/2이고, 우리는 그것을 '2분의 1'이라고 적습니다. 1/3 역시 분수입니다. 어떤 것이 3개의 동일한 부분으로 나누어지면 각 부분은 1/3이고, 우리는 그것을 '3분의 1'이라고 적습니다. 어떤 것이 4개의 동일한 부분으로 나누어지면 각 부분은 1/4입니다. 이것은 '4분의 1'로 적습니다. 이것은 "사분의 일"이라고도 불릴 수 있습니다.

모든 부분이 크기가 동일한 것은 아닙니다. 동일한 부분은 같은 크기입니다. 예를 들면, 아래의 사각형 부분들은 동일합니다. 하지만 다른 사진에 있는 원의 부분들은 동일하지 않습니다.

| 정답 |

Comprehension Checkup　Ⓐ **1.** b　**2.** a　**3.** a　**4.** c　Ⓑ **1.** F　**2.** T

Vocabulary Focus　Ⓐ **1.** d　**2.** c　**3.** b　**4.** a

　　　　　　　　　　Ⓑ **1.** each　**2.** half　**3.** quarter　**4.** Equal

Grammar Focus　　**1.** of　**2.** of　**3.** of

Summary　　　　　part / fraction / half / quarter / equal

| 삽화 말풍선 문장 | p.140

① 1/4은 4분의 1 또는 사분의 일이라고 말할 수 있어.

② 동일한 부분은 같은 크기야.

| Vocabulary | p.141

- fraction 몡 분수
- part 몡 부분, 일부
- divide 통 나누다
- equal 혱 동일한, 동등한
- half 몡 절반
- quarter 몡 4분의 1
- square 몡 정사각형
- below 뷔 아래에

| Reading Focus | p.141

- 분수는 무엇인가요?
- '반'은 분수로 어떻게 쓰이나요?

| 문제 정답 및 해석 | p.143

Comprehension Checkup

Ⓐ **가장 알맞은 답을 고르세요.**

1. 본문은 주로 무엇에 관한 글입니까?　　　　　　[b]

　　a. 물건을 동일하게 나누기

　　b. 분수를 이해하기

　　c. 수학에서 분수 사용하기

2. 분수는 무엇입니까?　　　　　　　　　　　　[a]

　　a. 어떤 것의 일부분

　　b. 어떤 것의 전부

　　c. 어떤 것을 더하기

3. 어느 것이 1/4이 아닙니까?　　　　　　　　　[a]

　　a. 3분의 1

　　b. 4분의 1

　　c. 4분의 1

4. 분수에 대해 무엇을 추론할 수 있습니까?   [c]

   a. 수학에서만 사용됩니다.

   b. 무게를 잴 때 사용됩니다.

   c. 무언가를 나눌 때 사용됩니다.

B 맞는 문장은 T를, 맞지 않는 문장은 F를 고르세요.

1. 만약 어떤 것이 2개의 동등한 부분으로 나누어지면, 각 부분은
3분의 1입니다.   [F]

2. 동일한 부분의 크기는 항상 같습니다.   [T]

Vocabulary Focus

A 다음 단어를 알맞은 뜻과 연결하세요.

1. 분수 ---- d. 수학에서 정수 하나의 한 부분

2. 4분의 1 ---- c. 4개의 동일한 부분 중 하나

3. 정사각형 ---- b. 4개의 똑같은 직선이 있는 모양

4. 아래에 ---- a. 더 낮은 곳 또는 더 낮은 위치에

B 다음 빈칸에 알맞은 단어를 고르세요.

> 절반 / 4분의 1 / 각, 각각의 / 동일한

1. 만약 어떤 것이 2개의 동일한 부분으로 나누어지면, <u>각</u> 부분은
2분의 1입니다.   [each]

2. 1/2은 '<u>2분의 1</u>'로 씁니다.   [half]

3. 1/4은 '<u>4분의 1</u>'이라고 합니다.   [quarter]

4. <u>동일한</u> 부분은 같은 크기입니다.   [Equal]

Grammar Focus

> 전치사 of

전치사 of는 '~의'의 의미로 소유 관계를 나타내거나 '~ 중의'라는
뜻으로 쓰이기도 합니다.

알맞은 단어를 고르세요.

1. 분수는 어떤 것의 부분입니다.   [of]

2. 마티스는 백조의 목을 그리기 위해 곡선을 사용했습니다. [of]

3. 고대 이집트의 모든 것은 나일강의 범람에 의존했습니다. [of]

Summary

본문을 요약하기 위해 빈칸에 알맞은 단어를 골라 채우세요.

> 동일한 / 4분의 1 / 분수 / 부분 / 절반

A fraction is a part of something. 1/2 is a fraction and
is called 'one half.' Also, 1/3 is 'one third' and 1/4 can
be called 'one quarter.' Not all parts are equal in size,
but equal parts have always the same size.

분수는 어떤 것의 일부입니다. 1/2은 <u>분수</u>이고 '<u>2분의 1</u>'이라고 불
립니다. 또한 1/3은 3분의 1이고, 1/4은 '<u>4분의 1</u>'이라고 할 수 있
습니다. 모든 부분이 크기가 <u>동일하지</u> 않지만, 동일한 부분은 항상
같은 크기입니다.

Review Test

p.146

| 정답 |

Review Vocabulary Test

Ⓐ **1.** straight / 직선의 **2.** square / 정사각형 **3.** shell / 조가비, 조개 **4.** face / 향하다

Ⓑ **1.** quarter **2.** curving **3.** horizontal **4.** order

Ⓒ

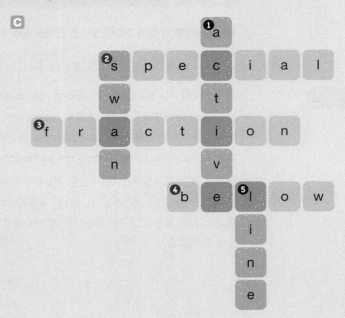

Review Grammar Test

Ⓐ **1.** of **2.** walking **3.** Say **4.** Does

Ⓑ **1.** Look at this picture.

2. The line that keeps curving inside itself is called a spiral.

3. Do you see the spiral lines?

| 문제 정답 및 해석 |

Review Vocabulary Test

A 알맞은 단어와 우리말 뜻을 쓰세요.

1. 굽어지거나 구부러지지 않은   [straight / 직선의]

2. 네 개의 똑같은 직선이 있는 모양   [square / 정사각형]

3. 동물의 딱딱한 보호 외피   [shell / 조가비, 조개]

4. 누군가 혹은 어떤 것 쪽으로 보다   [face / 향하다]

B 다음 빈칸에 알맞은 단어를 고르세요.

순서 / 구부러진 / 4분의 1 / 수평선의

1. 1/4은 '4분의 1'이라고 합니다.   [quarter]

2. 나선은 안쪽으로 계속 구부러집니다.   [curving]

3. 좌우로 향하는 선은 수평선입니다.   [horizontal]

4. 서수는 순서대로 있는 어떤 것의 숫자를 부르는 것입니다.

    [order]

C 크로스워드 퍼즐을 완성하세요.

가로

❷ 보통의 것과 다른   [special]

❸ 수학에서 정수 하나의 한 부분   [fraction]

❹ 더 낮은 곳 또는 더 낮은 위치에   [below]

세로

❶ 활동적으로 움직이는   [active]

❷ 강이나 호수에 사는 목이 긴 큰 새   [swan]

❺ 물건이나 사람들의 열   [line]

Review Grammar Test

A 알맞은 단어를 고르세요.

1. 마티스는 백조의 목을 그리기 위해 곡선을 사용했습니다. [of]

2. 멈추지 마세요. 계속 걸으세요.   [walking]

3. 서수를 이용해서 답을 말하거나 써 보세요.   [Say]

4. 그는 매주 일요일에 테니스를 치나요?   [Does]

B 밑줄 친 단어를 바르게 고친 다음 문장을 다시 쓰세요.

1. [Look at this picture.]
이 그림을 보세요.

2. [The line that keeps curving inside itself is called a spiral.]
안으로 계속 구부러져 들어가는 선은 나선이라고 불립니다.

3. [Do you see the spiral lines?]
여러분은 나선이 보이나요?

미국교과서 READING Level 4 권별 리딩 주제

1권 4.1

1. Living Things
2. Plants
3. Plants
4. Animals
5. Basic Needs
6. Animal Diets and Eating Habits
7. Changes in Family Life
8. Changes in Communities
9. Jobs
10. Economics
11. Ancient Egypt
12. The Nile
13. Sayings
14. Sayings
15. Musical Instruments
16. Musical Instruments
17. Lines
18. Drawing
19. Ordinal Numbers
20. Fractions

2권 4.2

1. Habitats
2. Habitats
3. Earth
4. Minerals
5. Weathering
6. Natural Resources
7. Producing
8. Technology
9. Pioneers
10. Historical People
11. Ancient Civilizations
12. Ancient Civilizations
13. Classic Story
14. Classic Story
15. Orchestra
16. Symphony
17. Shapes
18. Portraits
19. Time
20. Money

3권 4.3

1. Weather
2. Weather
3. Seasons
4. Seasons
5. Sky
6. Planets
7. Leaders
8. The Capital of the U.S.
9. Taxes
10. The Independence of the U.S.
11. A Historical Figure
12. A Historical Figure
13. Classic Story
14. Classic Story
15. Orchestra
16. Ballet
17. Self-Portraits
18. Still Lifes
19. Time
20. Calendar